Knusprig Gebackenes für jeden Tag

Teige oder Brote belegen, backen – geniessen!
Pikantes Gebäck – ergänzt mit einem Salat – ist eine schnelle
Mahlzeit mit wenig Aufwand und ganz viel Genuss.

In diesem Buch entdecken Sie 100 neue Rezepte für Wähen,
Pizzas, Flammkuchen, Quiches, Toasts und vieles mehr.
Damit die Zubereitung im Alltag schnell ist, verwenden wir
gekaufte Teige. Natürlich können Sie die Teige auch
selber machen.

Entdecken Sie die grosse Vielfalt. Belegt, eingepackt,
gerollt, gefüllt oder einfach nur schnell überbacken:
Diese knusprigen Rezeptlieblinge bringen viel Abwechslung
in Ihren Alltag.

Ihr Betty Bossi Team

Gabriela Seidl,
Leiterin Redaktion und
Gestaltung Kochbücher

Turbo oder Slow Food?

Im Alltag soll das Backen schnell gehen, daher haben wir die Rezepte in diesem Buch mit gekauften Teigen gebacken. Wenn Sie etwas mehr Zeit haben, können Sie die Teige auch selber machen. Die Rezepte finden Sie am Ende des Buchs.

Inhalt

Belegt	4
Eingepackt	70
Gerollt	120
Gefüllt	172
Überbacken	226
Teige	264

Belegt

Sie nehmen einen Teig, belegen ihn, und ab gehts in den Ofen. Entdecken Sie neue Lieblingsrezepte für Flammkuchen, Pizza, Lahmacun, Pide und Fladen.

Spargel-Flammkuchen

⏱ 15 Min. + 20 Min. backen   🥕 vegetarisch

1	ausgewallter Kuchenteig (ca. 25 × 42 cm)	Ofen auf 240 Grad vorheizen. Teig entrollen, mit dem Backpapier auf ein Blech ziehen. Senf und Crème fraîche verrühren, Teig damit bestreichen.
2 EL	grobkörniger Senf	
100 g	Crème fraîche	
500 g	grüne Spargeln	Von den Spargeln unteres Drittel schälen, längs halbieren. Spargeln mit Öl, Salz und Pfeffer mischen, auf dem Teig verteilen.
1 EL	Olivenöl	
½ TL	Salz	
wenig	Pfeffer	
		Backen: ca. 20 Min. auf der untersten Rille des Ofens.
1½ EL	Weissweinessig	Essig und Öl verrühren, Schnittlauch fein schneiden, beigeben, würzen. Eier schälen, halbieren, mit der Sauce auf dem Flammkuchen verteilen.
3 EL	Olivenöl	
1 Bund	Schnittlauch	
	Salz, Pfeffer, nach Bedarf	
4	hart gekochte Eier	

Portion (¼): 607 kcal, F 45 g, Kh 38 g, E 13 g

Frühlings-Flammkuchen

⏱ 20 Min. + je 15 Min. backen   🥕 vegetarisch

Ergibt 2 Stück

2	**ausgewallte Flammkuchenteige** (je ca. 23 × 38 cm)	Ofen auf 240 Grad vorheizen. Teige entrollen, mit dem Backpapier auf je ein Blech ziehen. Frischkäse und Milch verrühren, Knoblauch dazupressen, Teige damit bestreichen.
150 g	**Frischkäse mit Pfeffer** (z. B. Boursin)	
2 EL	**Milch**	
1	**Knoblauchzehe**	
3	**Bundzwiebeln mit dem Grün**	Bundzwiebeln in feine Ringe schneiden, Radiesli vierteln, beides auf den Teigen verteilen.
1 Bund	**Radiesli**	
1 Bund	**Dill**	**Backen:** nacheinander je ca. 15 Min. auf der untersten Rille des Ofens. Herausnehmen, Dill zerzupfen, über die Flammkuchen streuen.

Portion (¼): 584 kcal, F 25 g, Kh 73 g, E 15 g

Plunder formen

Alle vier Ecken einschlagen.

Plunder belegen

Ricottamasse auf die Mitte der Plunder geben, Tomaten darauflegen.

Rezept →

Tomatenplunder mit Basilikumöl

⏱ 15 Min. + 20 Min. backen   🥕 vegetarisch

Ergibt 6 Stück

1	**ausgewallter Blätterteig** (ca. 25 × 42 cm)	Ofen auf 220 Grad vorheizen. Teig entrollen, längs halbieren, quer dritteln, sodass 6 gleich grosse Quadrate entstehen. Teigecken zur Mitte einschlagen (siehe S. 10), mit dem Backpapier auf ein Blech ziehen.
250 g 1 50 g ¼ TL wenig 3	**Ricotta** **Bio-Zitrone** **geriebener Sbrinz** **Fleur de Sel** **Pfeffer** **Tomaten**	Ricotta in eine Schüssel geben. Von der Zitrone die Hälfte der Schale dazureiben, Käse daruntermischen, würzen, auf die Teigmitten geben. Tomaten halbieren, darauflegen.
¼ TL	**Fleur de Sel**	**Backen:** ca. 20 Min. in der unteren Hälfte des Ofens. Herausnehmen, Fleur de Sel über die Tomaten streuen, etwas abkühlen.
1 Bund 1 EL 3 EL	**Basilikum** **Zitronensaft** **Olivenöl** **Salz, Pfeffer,** nach Bedarf	Basilikum fein schneiden, mit Zitronensaft und Öl mischen, würzen, Plunder damit beträufeln.

Stück: 366 kcal, F 27 g, Kh 21 g, E 9 g

Elsässer Flammkuchen

⏱ 10 Min. + je 15 Min. backen

Ergibt 2 Stück

2	**ausgewallte Flammkuchenteige** (je ca. 23 × 38 cm)	Ofen auf 240 Grad vorheizen. Teige entrollen, mit dem Backpapier auf je ein Blech ziehen. Crème fraîche auf den Teigen verteilen.
200 g	**Crème fraîche**	
2	**Zwiebeln**	Zwiebeln schälen, in feine Streifen schneiden. Speck in ca. 2 cm breite Streifen schneiden, beides auf der Crème fraîche verteilen.
150 g	**Bratspeck in Tranchen**	
wenig	**Pfeffer**	**Backen:** nacheinander je ca. 15 Min. auf der untersten Rille des Ofens. Herausnehmen, Pfeffer darüberstreuen.

Portion (¼): 736 kcal, F 41 g, Kh 72 g, E 17 g

Avocado-Flammkuchen

⏲ 25 Min. + je 15 Min. backen   🌱 vegan   🥛 laktosefrei

Ergibt 2 Stück

2	**ausgewallte Flammkuchenteige** (je ca. 23 × 38 cm)	Ofen auf 240 Grad vorheizen. Teige entrollen, mit dem Backpapier auf je ein Blech ziehen. Teige mit Hummus bestreichen.
350 g	**Hummus**	
2	**rote Zwiebeln**	Zwiebeln schälen, in feine Schnitze schneiden, mit Öl und Salz mischen, auf dem Hummus verteilen.
1 EL	**Olivenöl**	
¼ TL	**Salz**	
		Backen: nacheinander je ca. 15 Min. auf der untersten Rille des Ofens. Herausnehmen.
2	**Avocados**	Avocados schälen, in Schnitze schneiden, auf den Flammkuchen verteilen. Zitronensaft über die Avocados träufeln, Koriander zerzupfen, mit Garam Masala und Fleur de Sel darüberstreuen.
1 EL	**Zitronensaft**	
½ Bund	**Koriander**	
1 EL	**Garam Masala** (siehe Hinweis)	
¼ TL	**Fleur de Sel**	

Portion (¼): 880 kcal, F 38 g, Kh 104 g, E 22 g

Garam Masala ist eine indische Gewürzmischung, sie ist in grösseren Coop Supermärkten erhältlich.
<u>Ersatz:</u> milder Curry.

Blätterteig-Pizza mit Schinken

⏱ 15 Min. + je 18 Min. backen

Ergibt 2 Stück

2	**ausgewallte Blätterteige** (je ca. 32 cm Ø)	Ofen auf 220 Grad vorheizen. Teige entrollen, mit dem Backpapier auf je ein Blech ziehen. Teige mit einer Gabel dicht einstechen.
1 Dose	**gehackte Tomaten** (ca. 400 g)	Tomaten, Tomatenpüree, Käse, Salz und Pfeffer mischen. Basilikum grob schneiden, daruntermischen, auf den Teigen verteilen.
3 EL	**Tomatenpüree**	
3 EL	**geriebener Parmesan**	
½ TL	**Salz**	
wenig	**Pfeffer**	
½ Bund	**Basilikum**	
160 g	**Schinken in Tranchen**	Schinken in Streifen, Mozzarella in Scheiben schneiden, beides auf den Teigen verteilen.
300 g	**Mozzarella**	
2	**Zweiglein Basilikum**	**Backen:** nacheinander je ca. 18 Min. auf der untersten Rille des Ofens. Herausnehmen, Basilikumblätter abzupfen, über die Pizzas streuen.

Portion (¼): 779 kcal, F 50 g, Kh 49 g, E 33 g

Beide Pizzas gleichzeitig bei 200 Grad (Heissluft) backen.

Teigstücke auf wenig Mehl oval auswallen.

Varianten

Die Fladen können Sie mit gemischten Oliven und/oder Kapernäpfeln abwandeln.

Rezept →

Fenchel-Poulet-Fladen

⏱ 20 Min. + 20 Min. backen

Ergibt 4 Stück

800 g	**Pizzateig**	Ofen auf 220 Grad vorheizen (Heissluft).
	Mehl zum Bestäuben	Teig auf die leicht bemehlte Arbeitsfläche geben, in 4 Portionen teilen, zu ovalen Fladen von je ca. 12 × 28 cm auswallen, auf zwei gut bemehlte Bleche legen.
400 g	**Fenchel**	Fenchel ca. 2 mm dick in eine Schüssel hobeln. Oliven in Ringe schneiden, beigeben. Von der Zitrone wenig Schale dazureiben, Öl daruntermischen, würzen, auf den Teigen verteilen.
100 g	**entsteinte grüne Oliven**	
1	**Bio-Zitrone**	
1 EL	**Olivenöl**	
¼ TL	**Salz**	
wenig	**Pfeffer**	
250 g	**Pouletbrüstli**	Poulet quer in ca. 2 cm dicke Streifen schneiden, mit Öl und Salz mischen, darauf verteilen.
1 EL	**Olivenöl**	
¼ TL	**Salz**	
200 g	**Burrata Piccola**	**Backen:** ca. 20 Min. Herausnehmen, Burrata auf die Fladen geben, Öl darüberträufeln. Basilikumblätter abzupfen, darüberstreuen, Burrata würzen.
1 EL	**Olivenöl**	
½ Bund	**Basilikum**	
¼ TL	**Fleur de Sel**	
wenig	**Pfeffer**	

Stück: 852 kcal, F 36 g, Kh 93 g, E 34 g

Lahmacun

 40 Min. + je 15 Min. backen

Ergibt 8 Stück

2	Zwiebeln	Ofen auf 240 Grad vorheizen.
2	Knoblauchzehen	Zwiebeln und Knoblauch schälen, Peperoncini entkernen, alles fein hacken, in eine Schüssel geben. Peperoni entkernen, mit den Tomaten in Würfeli schneiden, Petersilie fein schneiden, alles mit dem Hackfleisch, Öl, Tomatenpüree, Paprika, Kreuzkümmel und Salz beigeben, gut mischen.
2	rote Peperoncini	
1	gelbe Peperoni	
150 g	Tomaten	
½ Bund	glattblättrige Petersilie	
400 g	Hackfleisch (Rind)	
3 EL	Olivenöl	
3 EL	Tomatenpüree	
1 TL	Edelsüss-Paprika	
1 TL	Kreuzkümmelpulver	
1 TL	Salz	
800 g	Pizzateig	Teig auf die leicht bemehlte Arbeitsfläche geben, in 8 Portionen teilen, zu Fladen von je ca. 16 cm Ø auswallen, auf zwei gut bemehlte Bleche legen. Hackfleischmasse auf den Fladen verteilen, glatt streichen.
		Backen: nacheinander je ca. 15 Min. auf der untersten Rille des Ofens. Herausnehmen.
½ Bund	glattblättrige Petersilie	Petersilienblätter abzupfen, Zwiebel schälen, in Ringe schneiden. Zitrone in Schnitze schneiden, alles mit den Chiliflocken auf den Lahmacuns verteilen. Joghurt salzen, dazu servieren.
1	rote Zwiebel	
1	Bio-Zitrone	
1 TL	Chiliflocken	
300 g	griechisches Joghurt nature	
¼ TL	Salz	

Stück: 475 kcal, F 21 g, Kh 52 g, E 19 g

Kennen Sie Lahmacun?

Lahmacun ist eine türkische Spezialität, die je nach Region mit Hefeteig oder mit einer Art Flammkuchenteig zubereitet wird. Lahmacun wird auch türkische Pizza genannt.

Pide mit Spinat und Feta

⏱ 25 Min. + 30 Min. backen vegetarisch

Ergibt 4 Stück

1	**Zwiebel**	Ofen auf 200 Grad vorheizen (Heissluft).
500 g	**tiefgekühlter**	Zwiebel schälen, fein hacken, in eine Schüssel geben.
	Blattspinat, aufgetaut	Spinat gut ausdrücken, beigeben. Feta zerbröckeln,
200 g	**Feta**	mit den Eiern, dem Kreuzkümmel und dem Muskat dar-
3	**Eier**	untermischen, würzen.
¼ TL	**Kreuzkümmel**	
wenig	**Muskatnuss**	
½ TL	**Salz**	
wenig	**Pfeffer**	
2	**ausgewallte Pizzateige** (je ca. 25 × 38 cm) **Mehl** zum Bestäuben	Teige entrollen, mit wenig Mehl bestäuben, mit den bemehlten Seiten nach unten auf die leicht bemehlte Arbeitsfläche geben. Backpapier entfernen, Teige quer halbieren. Spinatmasse auf den Teigstücken verteilen, dabei ringsum einen Rand von ca. 4 cm frei lassen. Längsseiten etwas über die Füllung legen, Enden zusammendrücken und eindrehen (siehe S. 28). Pides auf zwei mit Backpapier belegte Bleche legen.
4	**Zweiglein Dill**	**Backen:** ca. 30 Min. Herausnehmen, Dill zerzupfen, darüberstreuen.

Stück: 985 kcal, F 36 g, Kh 125 g, E 36 g

Pide belegen

Füllung auf den Teigstücken verteilen, dabei ringsum einen Rand frei lassen.

Pide formen
Längsseiten einschlagen, Enden zusammendrücken.

Rezept →

Pide mit Lammfleisch

⏱ 20 Min. + 15 Min. backen   🥛 laktosefrei

Ergibt 4 Stück

2	Zwiebeln	Ofen auf 220 Grad vorheizen (Heissluft). Zwiebeln und Knoblauch schälen, Chilis entkernen, alles fein hacken, in eine Schüssel geben. Pfefferminze fein schneiden, beigeben. Hackfleisch, Dukkah, Tomatenpüree, Öl, Paprika und Salz beigeben, gut mischen.
2	Knoblauchzehen	
2	rote Chilis	
½ Bund	Pfefferminze	
600 g	Hackfleisch (Lamm)	
2 EL	Dukkah (siehe Hinweis)	
2 EL	Tomatenpüree	
1 EL	Olivenöl	
2 TL	Edelsüss-Paprika	
¾ TL	Salz	
2	ausgewallte Pizzateige (je ca. 25 × 38 cm)	Teige entrollen, mit wenig Mehl bestäuben, mit den bemehlten Seiten nach unten auf die leicht bemehlte Arbeitsfläche geben. Backpapiere entfernen, Teige quer halbieren, Fleischmasse darauf verteilen. Längsseiten etwas über die Füllung legen, Enden zusammendrücken und eindrehen (siehe S. 28). Pides auf zwei mit Backpapier belegte Bleche legen.
1	Granatapfel	Backen: ca. 15 Min. Herausnehmen, vom Granatapfel Kerne auslösen, Gurken in Scheiben schneiden, auf den Pides verteilen. Pfefferminzblätter abzupfen, darüberstreuen.
4	Snack-Gurken	
3	Zweiglein Pfefferminze	

Stück: 1099 kcal, F 38 g, Kh 136 g, E 51 g

Hinweis

Dukkah ist eine afrikanisch-orientalische Nuss-Gewürz-Mischung ägyptischer Herkunft. Erhältlich in grösseren Coop Supermärkten.

Focaccia mit Artischocken

⏱ 15 Min. + 30 Min. backen

800 g	Pizzateig	Ofen auf 200 Grad vorheizen. Teig auf ein mit Backpapier belegtes Blech geben, zu einem Oval von ca. 20 × 30 cm ausziehen.
1	Knoblauchzehe	Knoblauch pressen, mit dem Öl verrühren, Teig damit bestreichen. Mit den Fingern kleine Mulden in den Teig drücken. Artischocken abtropfen, vierteln, auf dem Teig verteilen, leicht andrücken. Thymianblättchen abzupfen, mit dem Fleur de Sel darüberstreuen.
3 EL	Olivenöl	
165 g	Artischockenherzen in Öl	
5	Zweiglein Thymian	
½ TL	Fleur de Sel	
1	Bio-Zitrone	**Backen:** ca. 30 Min. in der unteren Hälfte des Ofens. Herausnehmen, von der Zitrone Schale über die Focaccia reiben. Frischkäse und Coppa dazu servieren.
200 g	Frischkäse nature	
90 g	Coppa oder Rohschinken in Tranchen	

Portion (¼): 828 kcal, F 39 g, Kh 93 g, E 24 g

Pizza mit Carpaccio

⏱ 20 Min. + je 18 Min. backen

Ergibt 2 Stück

2	ausgewallte Pizzateige (je ca. 25 × 38 cm)	Ofen auf 240 Grad vorheizen. Teige entrollen, mit dem Backpapier auf je ein Blech ziehen. Tomaten und Sambal Oelek verrühren, salzen, auf den Teigen verteilen. Mozzarella zerzupfen, darauf verteilen.
1 Dose	gehackte Tomaten (ca. 400 g)	
1 TL	Sambal Oelek	
½ TL	Salz	
150 g	Mozzarella	
		Backen: nacheinander je ca. 18 Min. auf der untersten Rille des Ofens. Herausnehmen.
250 g	Rindshuft	Fleisch in hauchdünne Tranchen schneiden, Käse in feine Späne hobeln, beides mit dem Rucola auf der Pizza verteilen. Öl darüberträufeln, würzen.
50 g	Parmesan	
100 g	Rucola	
2 EL	Olivenöl	
¼ TL	Fleur de Sel	
wenig	Pfeffer	

Portion (¼): 1081 kcal, F 41 g, Kh 129 g, E 47 g

Lassen Sie sich das Rindfleisch vom Metzger in hauchdünne Tranchen schneiden.

Feine Variationen!

Backen Sie die Fladen statt mit Ziegenfrischkäse auch einmal mit Feta oder geräuchertem Käse (z. B. Scamorza).

Rezept →

Caprese-Fladen mit Himbeervinaigrette

⏱ 10 Min. + 20 Min. backen   🥕 vegetarisch   🍏 schlank

Ergibt 4 Stück

	1 ausgewallter Blätterteig (ca. 25 × 42 cm)	Ofen auf 220 Grad vorheizen. Teig entrollen, längs und quer halbieren, mit dem Backpapier auf ein Blech ziehen. Tomaten in Scheiben schneiden, darauf verteilen (siehe S. 36).
600 g	Tomaten (z. B. Ochsenherz)	
150 g	Ziegenfrischkäse (z. B. Formaggini)	**Backen:** ca. 10 Min. in der unteren Hälfte des Ofens. Herausnehmen, Käse in Scheiben schneiden, auf den Tomaten verteilen.
½ TL	Salz	**Fertig backen:** ca. 10 Min. Herausnehmen, Fladen würzen.
wenig	Pfeffer	
1 EL	Aceto balsamico	Aceto und Öl verrühren, würzen, die Hälfte der Himbeeren beigeben, zerdrücken, mit den restlichen Himbeeren auf den Fladen verteilen. Thymianblättchen abzupfen, darüberstreuen.
2 EL	Olivenöl	
¼ TL	Salz	
wenig	Pfeffer	
250 g	Himbeeren	
4	Zweiglein Thymian	

Stück: 504 kcal, F 33 g, Kh 37 g, E 11 g

Pilz-Flammkuchen

⏱ 10 Min. + je 15 Min. backen   vegetarisch

Ergibt 2 Stück

2	**ausgewallte Flammkuchenteige** (je ca. 23 × 38 cm)	Ofen auf 240 Grad vorheizen. Teige entrollen, mit dem Backpapier auf je ein Blech ziehen. Crème fraîche auf den Teigen verteilen.
200 g	**Crème fraîche**	
230 g	**geräucherter Käse** (z. B. Scamorza)	Käse in Scheiben schneiden. Pilze je nach Grösse halbieren oder vierteln, mit dem Öl mischen, würzen, mit dem Käse auf den Fladen verteilen.
150 g	**Eierschwämme**	
3 EL	**Olivenöl**	
¼ TL	**Salz**	
wenig	**Pfeffer**	
½ Bund	**Schnittlauch**	**Backen:** nacheinander je ca. 15 Min. auf der untersten Rille des Ofens. Herausnehmen, Schnittlauch grob schneiden, darüberstreuen.

Portion (¼): 816 kcal, F 46 g, Kh 70 g, E 27 g

Damit beide Flammkuchen einen perfekt knusprigen Boden haben, backen Sie diese nacheinander. Während der zweite Flammkuchen im Ofen ist, geniessen Sie schon einmal den ersten.

Asia-Gemüsefladen

⏱ 25 Min. + 20 Min. backen   🌿 vegan   🥛 laktosefrei

Ergibt 4 Stück

2 Päckli	**Strudelteig** (je ca. 120 g)	Ofen auf 180 Grad vorheizen (Heissluft). Teigblätter sorgfältig auseinanderfalten, 2 Teigblätter mit wenig Öl bestreichen, aufeinanderlegen. Vorgang mit den restlichen Teigblättern wiederholen, sodass 4 Quadrate entstehen. Teigränder etwas zusammenraffen, je 2 Teigstücke nebeneinander auf zwei mit Backpapier belegte Bleche legen. Panko und Sesam über die Teige streuen.
¾ dl	**geröstetes Sesamöl**	
6 EL	**Panko** oder Paniermehl	
1 EL	**schwarzer Sesam**	
300 g	**Rüebli**	Rüebli schälen, mit dem Pak-Choi in feine Streifen schneiden, Sojasauce und Öl daruntermischen, salzen, auf den Teigen verteilen. Tofu in Würfeli schneiden, mit der Currypaste mischen, auf dem Gemüse verteilen. Teigränder mit dem restlichen Öl bestreichen.
350 g	**Pak-Choi**	
2 EL	**Sojasauce**	
1 EL	**geröstetes Sesamöl**	
½ TL	**Salz**	
1 Päckli	**Tofu nature** (ca. 260 g)	
2 EL	**gelbe Currypaste**	
4	**Zweiglein Koriander**	**Backen:** ca. 20 Min. Herausnehmen, Korianderblätter abzupfen, mit dem Sesam über die Fladen streuen.
2 TL	**schwarzer Sesam**	

Stück: 728 kcal, F 42 g, Kh 61 g, E 24 g

Peperoni füllen

Füllen Sie das Hummus mit einem Löffel in die Spitzpeperoni.

Feine Varianten

Verwenden Sie anstelle der grünen Tapenade Tomatentapenade, Crema di Pomodori oder Crema di Carciofini.

Rezept →

Pizza mit gefüllten Spitzpeperoni

⏱ 25 Min. + 30 Min. backen   🌱 vegan   🥛 laktosefrei

800 g	**Pizzateig**	Ofen auf 240 Grad vorheizen.
5 EL	**grüne Tapenade**	Teig auf die leicht bemehlte Arbeitsfläche geben, rund auswallen (ca. 32 cm Ø), auf ein gut bemehltes Blech geben. Tapenade auf dem Teig verteilen.
2 Dosen	**Kichererbsen** (je ca. 400 g)	Kichererbsen abspülen, abtropfen, die Hälfte davon mit dem Öl in einen Messbecher geben. Basilikumblätter abzupfen, beigeben, pürieren. Restliche Kichererbsen mit Koriander, Kreuzkümmel und Zimt daruntermischen, Hummus würzen. Peperoni längs halbieren, entkernen, mit dem Hummus füllen, auf den Teig legen, leicht in den Teig drücken (siehe S. 44).
½ dl	**Olivenöl**	
½ Bund	**Basilikum**	
¼ TL	**Korianderpulver**	
¼ TL	**Kreuzkümmelpulver**	
1 Msp.	**Zimt**	
¼ TL	**Salz**	
wenig	**Pfeffer**	
6	**rote Spitzpeperoni**	
½ Bund	**Basilikum**	**Backen:** ca. 30 Min. auf der untersten Rille des Ofens. Herausnehmen, Basilikumblätter abzupfen, über die Pizza streuen.

Portion (¼): 850 kcal, F 32 g, Kh 115 g, E 24 g

Für Hummus-Fans!

Pizza in bianco mit Gorgonzola

⏱ 10 Min. + je 15 Min. backen   vegetarisch

Ergibt 2 Stück

2	**ausgewallte Pizzateige** (z. B. Rustico, je ca. 28 cm Ø)	Ofen auf 240 Grad vorheizen. Teige entrollen, mit dem Backpapier auf je ein Blech ziehen.
250 g 200 g 1 Bund 2 EL 2 Prisen	**Aprikosen** **Gorgonzola** **Salbei** **Olivenöl** **Salz**	Aprikosen in Schnitze, Käse in kleine Stücke schneiden, beides auf den Teigen verteilen. Salbeiblätter abzupfen, mit Öl und Salz mischen, darüberstreuen.
		Backen: nacheinander je ca. 15 Min. auf der untersten Rille des Ofens.

Portion (¼): 637 kcal, F 32 g, Kh 64 g, E 20 g

Flammkuchen mit Feta und Tomaten

⏱ 10 Min. + je 15 Min. backen   vegetarisch

Ergibt 2 Stück

2	**ausgewallte Flammkuchenteige** (je ca. 23 × 38 cm)	Ofen auf 240 Grad vorheizen. Teige entrollen, mit dem Backpapier auf je ein Blech ziehen.
200 g **200 g** **3** **500 g**	**Feta** **Crème fraîche** **Bundzwiebeln** mit dem Grün **Cherry-Tomaten** mit Rispen	Feta zerbröckeln, die Hälfte mit der Crème fraîche mischen, Masse auf den Teigen verteilen. Bundzwiebelgrün in Ringe schneiden, wenig Grün beiseite stellen, Zwiebeln in Schnitze schneiden, beides auf der Käsemasse verteilen, Tomaten darauflegen.
wenig	**Pfeffer**	**Backen:** nacheinander je ca. 15 Min. auf der untersten Rille des Ofens. Herausnehmen, beiseite gestelltes Zwiebelgrün und restlichen Feta über die Flammkuchen streuen, würzen.

Portion (¼): 728 kcal, F 36 g, Kh 76 g, E 21 g

←--- *Schöne Teigränder*

Schneiden Sie den Teig mit einem gezackten Teigrädchen in Stücke.

Keine Zucchiniblüten?

Die Zucchinikissen schmecken auch mit Cherry-Tomaten an der Rispe.

Zucchinikissen mit Bündnerfleisch

⏱ 30 Min. + 25 Min. backen

Ergibt 4 Stück

1	**ausgewallter Kuchenteig** (ca. 25 × 42 cm)	Ofen auf 220 Grad vorheizen. Teig entrollen, mit dem Teigrädchen quer in 4 Streifen schneiden (siehe S. 52), mit dem Backpapier auf ein Blech ziehen.
250 g	**Ricotta**	Ricotta in eine Schüssel geben, von der Zitrone die Hälfte der Schale dazureiben. 1 EL Saft dazupressen, mischen, würzen, auf den Teigstücken verteilen.
1	**Bio-Zitrone**	
¼ TL	**Salz**	
wenig	**Pfeffer**	
500 g	**Zucchini**	Zucchini längs in feine Scheiben schneiden. Von den Zucchiniblüten Stempel herauslösen, beides auf dem Ricotta verteilen. Zucchini mit dem Öl bestreichen, würzen.
4	**Zucchiniblüten mit Fruchtansatz**	
1 EL	**Olivenöl**	
½ TL	**Fleur de Sel**	
wenig	**Pfeffer**	
100 g	**Bündnerfleisch in Tranchen**	**Backen:** ca. 25 Min. in der unteren Hälfte des Ofens. Herausnehmen, Bündnerfleisch und Schnittlauch fein schneiden, mit Öl und Aceto mischen, würzen, auf den Zucchinikissen verteilen.
1 Bund	**Schnittlauch**	
2 EL	**Olivenöl**	
1 EL	**Aceto balsamico bianco**	
wenig	**Pfeffer**	

Stück: 576 kcal, F 36 g, Kh 38 g, E 23 g

Chatschapuri

⏱ 15 Min. + 20 Min. backen   🥕 vegetarisch

Ergibt 4 Stück

400 g	Feta	Ofen auf 220 Grad vorheizen (Heissluft).
150 g	Mozzarella	Käse in Würfeli schneiden, mischen.
2	ausgewallte Pizzateige (je ca. 25 × 38 cm) **Mehl** zum Bestäuben	Teige entrollen, mit wenig Mehl bestäuben, mit den bemehlten Seiten nach unten auf die leicht bemehlte Arbeitsfläche geben. Backpapiere entfernen, Teige quer halbieren. Käse auf den Teigstücken verteilen, dabei ringsum einen Rand von ca. 4 cm frei lassen. Längsseiten etwas über den Käse legen, Enden zusammendrücken, etwas eindrehen (siehe S. 28). Chatschapuri auf zwei mit Backpapier belegte Bleche legen. Ei und Milch verrühren, über den Käse giessen.
1	Ei	
½ dl	Milch	
4	frische Eier	**Backen:** ca. 10 Min. Herausnehmen, in der Mitte je eine Mulde eindrücken. Eier einzeln aufschlagen, sorgfältig in die Mulden gleiten lassen.
wenig	Pfeffer	**Fertig backen:** ca. 10 Min. Herausnehmen, würzen. Oreganoblättchen abzupfen, darüberstreuen.
4	Zweiglein Oregano	

Stück: 1221 kcal, F 56 g, Kh 125 g, E 52 g

Schon gewusst?

Chatschapuri ist ein georgisches Fladenbrot, das oft mit Käse und Ei gefüllt wird.

Erbsli-Fladen

⏱ 20 Min. + 20 Min. backen    vegetarisch

Ergibt 2 Stück

2	ausgewallte Pizzateige (je ca. 28 cm Ø)	Ofen auf 220 Grad vorheizen (Heissluft). Teige entrollen, mit dem Backpapier auf je ein Blech ziehen.
500 g	tiefgekühlte Erbsli, aufgetaut	Die Hälfte der Erbsli mit dem Öl und dem Wasser pürieren, Käse daruntermischen, würzen, auf den Teigen verteilen. Zwiebeln schälen, in Ringe schneiden, darauf verteilen.
½ dl	Olivenöl	
½ dl	Wasser	
50 g	geriebener Gruyère	
¼ TL	Salz	
wenig	Pfeffer	
2	rote Zwiebeln	
		Backen: ca. 10 Min. Herausnehmen, restliche Erbsli auf den Fladen verteilen.
3	Zweiglein Pfefferminze	**Fertig backen:** ca. 10 Min. Herausnehmen, Pfefferminze fein schneiden, mit dem Joghurt mischen, salzen, mit den Johannisbeeren auf den Fladen verteilen.
360 g	Joghurt nature	
¼ TL	Salz	
125 g	Johannisbeeren	

Portion (¼): 846 kcal, F 33 g, Kh 103 g, E 27 g

Cicorino-Fladen

⏱ 10 Min. + 15 Min. backen   🥕 vegetarisch   🥕 schlank   🧴 laktosefrei

1	ausgewallter Blätterteig (ca. 25 × 42 cm)	Ofen auf 220 Grad vorheizen. Teig entrollen, mit dem Backpapier auf ein Blech ziehen.
300 g 1 20 g 1 EL	Cicorino rosso Zweiglein Rosmarin geriebener Gruyère Olivenöl	Vom Cicorino 6 Blätter beiseite legen, Rest in feine Streifen schneiden, in eine Schüssel geben. Rosmarin fein schneiden, mit dem Käse und dem Öl daruntermischen, auf dem Teig verteilen.
2 EL 1 EL ¼ TL	Aceto balsamico flüssiger Honig Fleur de Sel	**Backen:** ca. 15 Min. in der unteren Hälfte des Ofens. Herausnehmen, restlichen Cicorino zerzupfen, über den Fladen streuen. Aceto und Honig darüberträufeln, Fleur de Sel darüberstreuen.

Portion (¼): 374 kcal, F 24 g, Kh 32 g, E 6 g

Der Fladen schmeckt auch mit Jungspinat.

Besonders schön!

Verwenden Sie verschiedenfarbige Randen.

Variante

Der Fladen schmeckt auch mit Brie, Thymian und Baumnüssen.

Rezept →

Randenfladen mit Ziegenkäse

⏱ 20 Min. + je 20 Min. backen   vegetarisch

Ergibt 2 Stück

2	**ausgewallte Blätterteige** (je ca. 32 cm Ø)	Ofen auf 220 Grad vorheizen. Teige entrollen, mit dem Backpapier auf je ein Blech ziehen.
600 g	**Randen** (z. B. rote, gelbe und weisse)	Randen schälen, in ca. 2 mm dicke Scheiben hobeln, sich leicht überlappend auf die Teige legen, mit Öl bestreichen, würzen.
2 EL	**Olivenöl**	
½ TL	**Fleur de Sel**	
wenig	**Pfeffer**	
300 g	**Ziegenweichkäse** (z. B. Chavroux)	**Backen:** nacheinander je ca. 10 Min. in der unteren Hälfte des Ofens. Herausnehmen, Käse in Scheiben schneiden, auf den Fladen verteilen. Pistazien darüberstreuen.
2 EL	**ungesalzene geschälte Pistazien**	
½ Bund	**Basilikum**	**Fertig backen:** nacheinander je ca. 10 Min. Herausnehmen, Basilikumblätter abzupfen, darüberstreuen.

Portion (¼): 752 kcal, F 50 g, Kh 57 g, E 16 g

Schneller

Beide Fladen gleichzeitig bei 200 Grad (Heissluft) backen.

Kartoffelfladen

⏱ 20 Min. + je 20 Min. backen

Ergibt 2 Stück

2	**ausgewallte Pizzateige** (z. B. Rustico, je ca. 28 cm Ø)	Ofen auf 240 Grad vorheizen. Teige entrollen, mit dem Backpapier auf je ein Backblech ziehen. Crème fraîche auf den Teigen verteilen, Chiliflocken darüberstreuen.
100 g	**Crème fraîche**	
1 TL	**Chiliflocken**	
600 g	**fest kochende Kartoffeln**	Kartoffeln in ca. 2 mm dicke Scheiben hobeln, sich leicht überlappend auf die Crème fraîche legen. Zwiebel schälen, in feine Ringe schneiden, darauf verteilen. Öl darüberträufeln, salzen, Speck darüberstreuen.
1	**Zwiebel**	
2 EL	**Olivenöl**	
¼ TL	**Salz**	
160 g	**Speckwürfeli**	
2	**Zweiglein Thymian**	**Backen:** nacheinander je ca. 20 Min. auf der untersten Rille des Ofens. Herausnehmen, Thymianblättchen abzupfen, darüberstreuen.

Portion (¼): 683 kcal, F 30 g, Kh 79 g, E 21 g

Rassig dank Chiliflocken

Kürbis-Flammkuchen mit Feigen

⏱ 20 Min. + je 20 Min. backen

Ergibt 2 Stück

600 g	**Kürbis** (z. B. Butternut)	Ofen auf 240 Grad vorheizen.
80 g	**Baumnusskerne**	Kürbis schälen, entkernen, in ca. 2 mm dicke Scheiben
4	**Zweiglein Thymian**	in eine Schüssel hobeln. Baumnusskerne grob hacken,
1 EL	**Olivenöl**	Thymian fein schneiden, beides mit dem Öl darunter-
¼ TL	**Cayennepfeffer**	mischen, würzen.
½ TL	**Salz**	
2	**ausgewallte Flammkuchenteige** (je ca. 23 × 38 cm)	Teige entrollen, mit dem Backpapier auf je ein Blech ziehen. Quark und Käse mischen, Teige damit bestreichen, Kürbismasse darauf verteilen. Feigen
250 g	**Halbfettquark**	in Schnitze schneiden, darauflegen.
100 g	**geriebener Sbrinz**	
4	**Feigen**	
90 g	**Rohschinken in Tranchen**	**Backen:** nacheinander je ca. 20 Min. auf der untersten Rille des Ofens. Herausnehmen, Rohschinken darauf verteilen.

Portion (¼): 852 kcal, F 40 g, Kh 83 g, E 35 g

Eingepackt

Dieses Kapitel steckt voller Überraschungen! Die knusprigen Teighüllen von Päckli, Calzone und Co. enthalten alle leckere Füllungen. Haben wir Sie neugierig gemacht? Dann blättern Sie schnell weiter.

Poulet-Calzoni

⏱ 20 Min. + je 20 Min. backen   🥛 laktosefrei

Ergibt 4 Stück

20 g	**Bärlauch** oder Basilikum	Ofen auf 240 Grad vorheizen. Bärlauch in feine Streifen schneiden, in eine Schüssel geben. Käse an der Röstiraffel dazureiben, Hackfleisch, Kefen, Salz und Sambal Oelek daruntermischen.
100 g	**rezenter Appenzeller**	
600 g	**Hackfleisch** (Poulet)	
360 g	**tiefgekühlte Kefen**, aufgetaut	
1¼ TL	**Salz**	
2 TL	**Sambal Oelek**	
800 g	**Pizzateig** **Mehl** zum Bestäuben	Teig auf die leicht bemehlte Arbeitsfläche geben, in 4 Portionen teilen, zu Rondellen von je ca. 22 cm Ø auswallen. Je ¼ der Füllung auf einer Teighälfte verteilen. Ränder mit wenig Wasser bestreichen, freie Teighälften über die Füllung legen. Ränder gut andrücken. Calzoni auf zwei gut bemehlte Bleche legen, mit wenig Mehl bestäuben.
		Backen: nacheinander je ca. 20 Min. in der unteren Hälfte des Ofens.

Stück: 882 kcal, F 27 g, Kh 99 g, E 54 g

Keinen Bärlauch?

Verwenden Sie Basilikum, und pressen Sie eine Knoblauchzehe zur Füllung.

Fleischkäse-Jalousie

⏱ 15 Min. + 25 Min. backen

1	**Zwiebel**	Ofen auf 220 Grad vorheizen.
200 g	**tiefgekühlte Erbsli,** aufgetaut	Zwiebel schälen, fein hacken, in eine Schüssel geben. Erbsli, Fleischkäse und Pfeffer beigeben, gut mischen.
500 g	**Fleischkäse zum Selberbacken**	
½ TL	**Pfeffer**	
1	**ausgewallter Blätterteig** (ca. 25 × 42 cm)	Teig entrollen, Füllung auf einer Teighälfte verteilen, dabei einen Rand von ca. 2 cm frei lassen. Freie Teighälfte ca. 8-mal schräg einschneiden. Ei verklopfen, Teigränder damit bestreichen, freie Teighälfte sorgfältig über die Füllung legen, Ränder gut andrücken. Jalousie mit dem Backpapier auf ein Blech ziehen, mit Ei bestreichen.
1	**Ei**	
		Backen: ca. 25 Min. in der unteren Hälfte des Ofens.

Portion (¼): 712 kcal, F 53 g, Kh 35 g, E 22 g

Servieren Sie zur Jalousie einen Rüeblisalat.

Belegen

Teige halbieren, Senf daraufgeben, Spargeln und Poulet darauflegen.

Päckli formen

Rezept →

Poulet-Spargel-Päckli

 15 Min. + 20 Min. backen   laktosefrei

Ergibt 4 Stück

500 g	grüne Spargeln	Ofen auf 220 Grad vorheizen.
1 EL	Olivenöl	Von den Spargeln unteres Drittel schälen, mit Öl, Salz
½ TL	Salz	und Pfeffer mischen.
wenig	Pfeffer	
4	Pouletbrüstli	Poulet würzen, mit je 2 Tranchen Speck umwickeln.
	(je ca. 120 g)	Teige entrollen, halbieren. Je 1 EL Senf auf die Teig-
½ TL	Salz	stücke geben. Spargeln und Pouletbrüstli daraufegen.
wenig	Pfeffer	Ei verklopfen, freie Teigseiten damit bestreichen,
8	Tranchen Bratspeck	über die Füllung legen, zu Päckli formen, Ränder etwas
2	ausgewallte Blätterteige (je ca. 32 cm Ø)	eindrehen (siehe S. 76). Päckli auf ein mit Backpapier belegtes Blech legen, mit Ei bestreichen.
4 EL	grobkörniger Senf	
1	Ei	

Backen: ca. 20 Min. in der unteren Hälfte des Ofens.

Stück: 811 kcal, F 49 g, Kh 49 g, E 43 g

Calzoni mit Schinken und Zucchini

⏱ 20 Min. + 20 Min. backen

Ergibt 2 Stück

200 g	Zucchini	Ofen auf 240 Grad vorheizen.
1 Bund	Petersilie	Zucchini längs halbieren, in ca. 5 mm dicke Scheiben
1 Bund	Schnittlauch	schneiden, in eine Schüssel geben. Petersilie und
160 g	Hinterschinken in Tranchen	Schnittlauch fein schneiden, die Hälfte davon beiseite stellen, Rest zu den Zucchini geben. Schinken in
250 g	Mascarpone	Streifen schneiden, mit dem Mascarpone und dem
40 g	geriebener Parmesan	Käse beigeben, mischen, würzen.
1 TL	Paprika	
¼ TL	Salz	
wenig	Pfeffer	
2	ausgewallte Pizzateige (z. B. Rustico, je ca. 28 cm Ø) Mehl zum Bestäuben	Teige entrollen, mit wenig Mehl bestäuben, mit der bemehlten Seite nach unten auf die leicht bemehlte Arbeitsfläche geben, Backpapier entfernen. Je ½ der Füllung auf einer Teighälfte verteilen. Ränder mit wenig Wasser bestreichen, freie Teighälften über die Füllung legen. Ränder gut andrücken, Calzoni auf ein mit Backpapier belegtes Blech legen, mit wenig Mehl bestäuben.
4 EL	Olivenöl	**Backen:** ca. 20 Min. auf der untersten Rille des Ofens. Herausnehmen, Calzoni ca. 5 Min. abkühlen. Beiseite gestellte Kräuter mit dem Öl mischen, Calzoni damit beträufeln.

Portion (¼): 845 kcal, F 55 g, Kh 60 g, E 25 g

Variante

Die Calzoni schmecken auch sehr fein mit scharfer Salami anstelle des Schinkens.

Empanadas mit Guacamole

 20 Min. + 20 Min. backen   schlank    laktosefrei

Für das Backblech gefüllte Teigtaschen
Ergibt 4 Stück

80 g	pikante Chorizo in Tranchen	Ofen auf 220 Grad vorheizen. Chorizo in feine Streifen schneiden, Mais abspülen, abtropfen, beides mischen, würzen.
1 Dose	Maiskörner (ca. 340 g)	
¼ TL	Salz	
wenig	Pfeffer	
1	ausgewallter Kuchenteig (ca. 25 × 42 cm)	Teig entrollen, quer halbieren. Mit einer Teighälfte die Mulden des Blechs auslegen, dabei den Teig etwas auseinanderziehen. Füllung darin verteilen, je 2 Oliven in die Mitte setzen. Ei verklopfen, Teigränder damit bestreichen. Zweite Teighälfte mit dem Stempel einschneiden oder mit einer Gabel einstechen, über die Füllung legen. Ränder mit der Schablone andrücken und ausschneiden. Schablone und überschüssigen Teig entfernen. Empanadas mit dem restlichen Ei bestreichen.
8	entsteinte grüne Oliven	
1	Ei	
		Backen: ca. 20 Min. in der unteren Hälfte auf dem Backofengitter des Ofens.
1	kleine Zwiebel	Zwiebel schälen, fein hacken, in eine Schüssel geben. Avocado entkernen, Fruchtfleisch herauslösen, mit dem Limettensaft beigeben, mit einer Gabel zerdrücken, Chiliflocken und Kreuzkümmel daruntermischen, salzen. Guacamole mit den Empanadas anrichten.
1	Avocado	
1 EL	Limettensaft	
¼ TL	Chiliflocken oder Paprika	
¼ TL	Kreuzkümmelpulver	
½ TL	Salz	

Päckli ohne das Backblech gefüllte Teigtaschen zubereiten: Teig längs und quer halbieren, je ¼ der Füllung auf einer Teighälfte verteilen, Ränder mit Ei bestreichen, freie Teighälften über die Füllung legen, Ränder gut andrücken. Päckli mit einer Gabel einstechen, auf ein mit Backpapier belegtes Blech legen, backen wie oben.

Stück: 548 kcal, F 33 g, Kh 47 g, E 14 g

Zucchini-Päckli

 25 Min. + 20 Min. backen   vegetarisch   laktosefrei

Für das Backblech gefüllte Teigtaschen
Ergibt 4 Stück

1 Dose	Kidney-Bohnen (ca. 215 g)	Ofen auf 220 Grad vorheizen. Bohnen abspülen, abtropfen, in einen Messbecher geben. Chili entkernen, mit dem Öl beigeben, pürieren, beiseite stellen.
1	roter Chili	
2 EL	Olivenöl	
200 g	Zucchini	Zucchini grob in eine Schüssel reiben, Käse und Mehl daruntermischen. Von der Zitrone wenig Schale dazureiben, Thymianblättchen abzupfen, beigeben, mischen, würzen.
80 g	geriebener Gruyère	
1 EL	Mehl	
1	Bio-Zitrone	
2	Zweiglein Thymian	
¼ TL	Salz	
wenig	Pfeffer	
1	ausgewallter Kuchenteig (ca. 25 × 42 cm)	Teig entrollen, quer halbieren. Mit einer Teighälfte die Mulden des Blechs auslegen, dabei den Teig etwas auseinanderziehen. Bohnenpüree darin verteilen, Zucchinifüllung daraufgeben. Ei verklopfen, Teigränder damit bestreichen. Zweite Teighälfte mit dem Stempel oder einem Messer einschneiden, über die Füllung legen. Ränder mit der Schablone andrücken und ausschneiden. Schablone und überschüssigen Teig entfernen. Päckli mit dem restlichen Ei bestreichen.
1	Ei	
		Backen: ca. 20 Min. in der unteren Hälfte auf dem Backofengitter des Ofens.

Päckli ohne das Backblech gefüllte Teigtaschen zubereiten: Teig längs und quer halbieren, je ¼ der Füllung auf einer Teighälfte verteilen, Ränder mit Ei bestreichen, freie Teighälften über die Füllung legen, Ränder gut andrücken. Päckli mit einer Gabel einstechen, auf ein mit Backpapier belegtes Blech legen, backen wie oben.

Stück: 561 kcal, F 32 g, Kh 45 g, E 21 g

Spanakopita vor dem Backen einschneiden!

Rezept →

Spanakopita (griechische Spinatpastete)

⏱ 30 Min. + 35 Min. backen   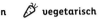 vegetarisch

1 kg	**tiefgekühlter Blattspinat,** aufgetaut	Ofen auf 180 Grad vorheizen. Spinat gut ausdrücken, in eine Schüssel geben. Bundzwiebeln in feine Ringe, Feta in Würfeli schneiden. Dill fein schneiden, alles beigeben. Eier daruntermischen, würzen.
3	**Bundzwiebeln mit dem Grün**	
400 g	**Feta**	
2 Bund	**Dill**	
2	**Eier**	
1 TL	**Salz**	
wenig	**Pfeffer**	
500 g	**Filoteig**	Teigblätter entrollen, je zwei Teigblätter mit wenig Öl bestreichen, sich leicht überlappend in ein mit Backpapier belegtes Blech legen. Vorgang wiederholen, bis die Hälfte der Teigblätter aufgebraucht ist. Spinatmasse auf dem Teig verteilen. Zwei Teigblätter mit Öl bestreichen, sich leicht überlappend auf die Füllung legen. Vorgang mit den restlichen Teigblättern wiederholen. Teig ringsum mit den Handkanten nach unten drücken, damit sich die überstehenden Teigränder aufrichten. Teig mit Öl bestreichen, mit einem scharfen Messer 12 gleich grosse Stücke vorschneiden (siehe S. 86).
1¾ dl	**Olivenöl**	
		Backen: ca. 35 Min. in der unteren Hälfte des Ofens. Dabei von Zeit zu Zeit mit dem restlichen Öl bestreichen. Herausnehmen, ca. 10 Min. ruhen lassen, vorgeschnittene Stücke durchschneiden.

Portion (¼): 1102 kcal, F 69 g, Kh 78 g, E 38 g

Tipp

Wenn Sie keinen Filoteig finden, verwenden Sie 4 Päckli Strudelteig (ca. 480 g), die Pastete gelingt auch damit perfekt.

Bastilla mit Poulet

⏱ 20 Min. + 20 Min. backen   🍽 schlank   🥛 laktosefrei

Für ein Backblech von ca. 28 cm Ø, mit Backpapier belegt

3	**Bundzwiebeln mit dem Grün**	Ofen auf 200 Grad vorheizen. Bundzwiebeln in feine Ringe schneiden, wenig Grün beiseite stellen. Aprikosen in Streifen schneiden, mit dem Hackfleisch, Ras el Hanout und Salz mischen.
50 g	**Dörraprikosen**	
600 g	**Hackfleisch** (Poulet)	
2 EL	**Ras el Hanout** oder 1 EL milder Curry	
1 TL	**Salz**	
1 Päckli	**Strudelteig** (ca. 120 g)	Teigblätter sorgfältig auseinanderfulten, ein Teigblatt mit wenig Öl bestreichen, ins vorbereitete Blech legen. Zwei Teigblätter sich leicht überlappend darauflegen, mit wenig Öl bestreichen. Nüsse grob hacken, auf dem Teigboden verteilen. Füllung darauf verteilen, vorstehende Teigränder locker über die Füllung legen. Mit dem letzten Teigblatt bedecken, überstehende Teigränder nach innen legen, mit dem restlichen Öl bestreichen.
½ dl	**geröstetes Sesamöl**	
70 g	**Haselnüsse**	
		Backen: ca. 20 Min. in der unteren Hälfte des Ofens. Herausnehmen, beiseite gestelltes Zwiebelgrün darüberstreuen.

Portion (¼): 546 kcal, F 31 g, Kh 26 g, E 37 g

Ricotta-Fenchel-Päckli

 20 Min. + 20 Min. backen   vegetarisch

Für das Backblech gefüllte Teigtaschen
Ergibt 4 Stück

250 g	**Ricotta**	Ofen auf 220 Grad vorheizen. Ricotta und Käse in einer Schüssel mischen. Fenchel ca. 1 mm dick dazuhobeln. Von der Orange Schale dazureiben. Baumnusskerne grob hacken, Thymianblättchen abzupfen, beides daruntermischen, würzen.
50 g	**geriebener Gruyère**	
200 g	**Fenchel**	
1	**Bio-Orange**	
50 g	**Baumnusskerne**	
4	**Zweiglein Thymian**	
½ TL	**Salz**	
wenig	**Pfeffer**	
1	**ausgewallter Kuchenteig** (ca. 25 × 42 cm)	Teig entrollen, quer halbieren. Mit einer Teighälfte die Mulden des Blechs auslegen, dabei den Teig etwas auseinanderziehen. Füllung darin verteilen. Eigelb und Rahm verrühren, Teigränder damit bestreichen. Zweite Teighälfte mit dem Stempel einschneiden, über die Füllung legen. Ränder mit der Schablone andrücken und ausschneiden. Schablone und überschüssigen Teig entfernen. Päckli mit dem restlichen Eigelb bestreichen.
1	**Eigelb**	
1 TL	**Rahm**	
1	**Orange**	**Backen:** ca. 20 Min. in der unteren Hälfte auf dem Backofengitter des Ofens. Beide Orangen schälen, in Scheiben schneiden, mit den Päckli anrichten. Thymianblättchen abzupfen, über die Orangen streuen, würzen.
2	**Zweiglein Thymian**	
¼ TL	**Fleur de Sel**	
wenig	**Pfeffer**	

Päckli ohne das Backblech gefüllte Teigtaschen zubereiten: Teig längs und quer halbieren, je ¼ der Füllung auf einer Teighälfte verteilen, Ränder mit Eigelb bestreichen, freie Teighälften über die Füllung legen, Ränder gut andrücken. Päckli mit einer Gabel einstechen, auf ein mit Backpapier belegtes Blech legen, backen wie oben.

Stück: 610 kcal, F 42 g, Kh 39 g, E 17 g

Schinken-Päckli

⏱ 15 Min. + 25 Min. backen   🍎 schlank

Für das Backblech gefüllte Teigtaschen
Ergibt 4 Stück

160 g	**Hinterschinken in Tranchen**	Ofen auf 220 Grad vorheizen.
1 Bund	**Petersilie**	Schinken in feine Streifen schneiden, Petersilie fein schneiden, beides mit dem Frischkäse und dem Senf mischen, würzen.
200 g	**Doppelrahm-frischkäse nature** (z. B. Philadelphia)	
2 TL	**grobkörniger Senf**	
wenig	**Pfeffer**	
1	**ausgewallter Blätterteig** (ca. 25 × 42 cm)	Teig entrollen, quer halbieren. Mit einer Teighälfte die Mulden des Blechs auslegen, dabei den Teig etwas auseinanderziehen. Füllung darin verteilen. Ei verklopfen, Teigränder damit bestreichen. Zweite Teighälfte mit einer Gabel einstechen oder mit dem Stempel einschneiden, über die Füllung legen. Ränder mit der Schablone andrücken und ausschneiden. Schablone und überschüssigen Teig entfernen. Päckli mit dem restlichen Ei bestreichen.
1	**Ei**	
		Backen: ca. 25 Min. in der unteren Hälfte auf dem Backofengitter des Ofens.

Päckli ohne das Backblech gefüllte Teigtaschen zubereiten: Teig längs und quer halbieren, je ¼ der Füllung auf einer Teighälfte verteilen, Ränder mit Ei bestreichen, freie Teighälften über die Füllung legen, Ränder gut andrücken. Päckli mit einer Gabel einstechen, auf ein mit Backpapier belegtes Blech legen, backen wie oben, die Backzeit verkürzt sich um 5–10 Minuten.

Stück: 488 kcal, F 34 g, Kh 28 g, E 17 g

Wie Schinkengipfeli, aber als hübsche Päckli

Teigstreifen belegen

Wenig Füllung auf das untere Ende eines Teigstreifens geben.

Samosas formen

Teigstreifen im Dreieck über die Kante im Zickzack nach oben falten.

Rezept →

Gemüse-Samosas

 40 Min. + 20 Min. backen    vegetarisch

Ergibt 12 Stück

1	**Zwiebel**	Ofen auf 160 Grad vorheizen (Heissluft).
250 g	**Aubergine**	Zwiebel schälen, fein hacken. Aubergine in Würfeli
100 g	**Cherry-Tomaten**	schneiden, Tomaten halbieren. Chili entkernen,
1	**roter Chili**	fein hacken.
2 EL	**Sonnenblumenöl**	Öl in einer beschichteten Bratpfanne heiss werden
½ TL	**Salz**	lassen. Zwiebel und Aubergine mit dem Salz ca. 5 Min.
180 g	**Feta**	rührbraten. Tomaten und Chili beigeben, kurz weiter-
1 Bund	**Petersilie** oder Oregano	rührbraten. Gemüse herausnehmen, etwas abkühlen. Feta in Würfeli schneiden, Petersilie fein schneiden, beides daruntermischen.
70 g	**Butter**	Butter in einer Pfanne schmelzen, etwas abkühlen.
2 Päckli	**Strudelteig** (je ca. 120 g)	Zwei Teigblätter sorgfältig auseinanderfalten, mit wenig Butter bestreichen, aufeinanderlegen, in 3 Streifen schneiden, auf ein feuchtes Tuch legen. Teig mit wenig Butter bestreichen, je ca. 1 EL Füllung unten auf die Teigstreifen geben, Samosa falten (siehe S. 96). Restliche Samosas gleich formen, mit der Verschlussseite nach unten auf zwei mit Backpapier belegte Bleche legen, mit der restlichen Butter bestreichen.
		Backen: ca. 20 Minuten.

Portion (¼): 688 kcal, F 40 g, Kh 56 g, E 21 g

Pizza-Cake

⏱ 20 Min. + 45 Min. backen + 20 Min. ruhen lassen   🏃 schlank

Für eine Cakeform von ca. 25 cm, mit Backpapier ausgelegt

1	**Zwiebel**	Ofen auf 200 Grad vorheizen. Zwiebel schälen, fein in eine Schüssel hobeln. Tomaten halbieren, Mortadella in feine Streifen, Oliven in Ringe und Mozzarella in Würfeli schneiden, alles beigeben. Sardellen abtropfen, grob hacken, mit dem Oregano beigeben, mischen.
150 g	**Cherry-Tomaten**	
70 g	**Mortadella**	
50 g	**entsteinte grüne Oliven**	
150 g	**Mozzarella**	
1 Dose	**Sardellenfilets** (ca. 46 g)	
1 TL	**getrockneter Oregano**	
1	**ausgewallter Pizzateig** (ca. 25 × 38 cm) **Mehl** zum Bestäuben	Teig entrollen, mit wenig Mehl bestäuben, mit der bemehlten Seite nach unten auf die leicht bemehlte Arbeitsfläche geben, Papier entfernen, Teig quer vierteln. Füllung auf die Teigstreifen geben. Teig über der Füllung zusammendrücken, mit den Verschlussseiten nach oben in die vorbereitete Form legen. Teigverschlüsse der oberen beiden Teigrollen etwas öffnen, sodass die Füllung sichtbar wird.
wenig	**Fleur de Sel**	**Backen:** ca. 45 Min. auf der untersten Rille des Ofens. Herausnehmen, ca. 20 Min. ruhen lassen, aus der Form nehmen, Fleur de Sel darüberstreuen.

Portion (¼): 545 kcal, F 19 g, Kh 69 g, E 22 g

So wirds gemacht

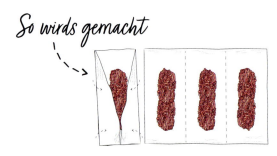

Orientalische Strudelpäckli

⏱ 25 Min. + 20 Min. backen   🥕 vegetarisch   🏃 schlank

Ergibt 8 Stück

175 g	Planted Chicken nature	Ofen auf 180 Grad vorheizen.
½ EL	Ras el Hanout	Planted Chicken grob schneiden, mit Ras el Hanout, Öl und Salz in einer Schüssel mischen, zugedeckt ca. 15 Min. ziehen lassen.
1 EL	geröstetes Sesamöl	
½ TL	Salz	
300 g	tiefgekühlter Blattspinat, aufgetaut	Spinat gut ausdrücken, mit dem Hummus und den Sultaninen zum Planted Chicken geben, mischen.
175 g	Hummus	
1 EL	dunkle Sultaninen, nach Belieben	
1 Päckli	Strudelteig (ca. 120 g)	Teigblätter sorgfältig auseinanderfalten, mit Öl bestreichen, je 2 Blätter aufeinanderlegen, in je 4 Quadrate schneiden. Füllung auf die Teigmitten geben, Teigränder mit wenig Wasser bestreichen, über der Füllung zusammenraffen, gut zusammendrücken. Päckli auf ein mit Backpapier belegtes Blech setzen, mit dem restlichen Öl bestreichen.
½ dl	geröstetes Sesamöl	
		Backen: ca. 20 Min. in der Mitte des Ofens.
1	Granatapfel	Granatapfelkerne auslösen, mit dem Joghurt mischen, würzen, zu den Päckli servieren.
360 g	Joghurt nature Salz, Pfeffer, nach Bedarf	

Portion (¼): 523 kcal, F 30 g, Kh 38 g, E 24 g

Kürbis-Jalousie

⏲ 30 Min. + 15 Min. backen   vegetarisch

Ergibt 4 Stück

500 g	Kürbis (Muscade)	Ofen auf 220 Grad vorheizen.
½ Bund	Salbei	Kürbis schälen, entkernen, in ca. 2 mm dicke Scheiben
2 EL	Kürbiskerne	in eine Schüssel hobeln (z. B. mit einem Wellenhobel).
1 EL	Olivenöl	Salbeiblätter fein schneiden, mit den Kürbiskernen und
½ TL	Salz	dem Öl beigeben, mischen, würzen.
wenig	Pfeffer	
2	ausgewallte Blätterteige (je ca. 25 × 42 cm)	Teige entrollen, quer halbieren. Kürbismasse auf je einer Hälfte des Teigs verteilen, dabei einen Rand von ca. 2 cm frei lassen. Frischkäse in Stücke schneiden,
125 g	Frischkäse mit Pfeffer (z. B. Boursin)	auf dem Kürbis verteilen. Freie Teighälften mehrmals einschneiden (siehe Tipp). Ei verklopfen, Teigränder
1	Ei	damit bestreichen. Freie Teighälften über die Füllung legen, Ränder gut andrücken. Jalousien auf ein mit Backpapier belegtes Blech legen, mit Ei bestreichen.
		Backen: ca. 15 Min. in der unteren Hälfte des Ofens.

Stück: 815 kcal, F 58 g, Kh 57 g, E 14 g

Tipp für noch mehr Wow-Effekt

Schneiden Sie die freie Teighälfte dekorativ ein (z. B. Zickzack). Die Ränder der Jalousien werden besonders hübsch, wenn Sie diese mit einem Messer in Dreiecke schneiden.

Lachspäckli

⏱ 15 Min. + 18 Min. backen

Ergibt 4 Stück

2	**Bundzwiebeln mit dem Grün**	Ofen auf 240 Grad vorheizen. Bundzwiebeln in feine Ringe schneiden, in eine Schüssel geben. Von der Zitrone wenig Schale dazureiben, Öl beigeben, würzen, mischen.
1	**Bio-Zitrone**	
1 EL	**Olivenöl**	
¼ TL	**Salz**	
wenig	**Pfeffer**	
1	**ausgewallter Flammkuchenteig** (ca. 23 × 38 cm)	Teig entrollen, längs und quer halbieren. Zwiebeln längs auf der Mitte der Teigstücke verteilen, ringsum einen Rand von ca. 4 cm frei lassen. Lachs mit Meerrettich bestreichen, würzen, auf die Zwiebeln legen. Teigränder mit wenig Wasser bestreichen. Längsränder einschlagen, Enden zusammendrehen. Päckli auf ein gut bemehltes Blech legen.
4	**Lachsrückenfilets** (je ca. 150 g)	
2 EL	**Meerrettich aus dem Glas**	
¼ TL	**Salz**	
wenig	**Pfeffer**	
200 g	**Crème fraîche**	**Backen:** ca. 18 Min. in der unteren Hälfte des Ofens. Crème fraîche und Senf verrühren, salzen, zu den Lachspäckli servieren.
1 EL	**grobkörniger Senf**	
¼ TL	**Salz**	

Stück: 713 kcal, F 46 g, Kh 38 g, E 36 g

Teigstreifen abwechslungsweise über die Wienerli legen.

Rezept →

Wienerli im Teig mit Gurkensalat

⏱ 30 Min. + 15 Min. backen

Ergibt 4 Stück

200 g	**grillierte kleine Peperoni mit Frischkäsefüllung (Pepperballs)**	Ofen auf 220 Grad vorheizen. Pepperballs fein hacken.
1 **8**	**ausgewallter Blätterteig** (ca. 25 × 42 cm) **Wienerli**	Teig entrollen, längs und quer halbieren. Pepperballs-Masse auf den Teigstücken verteilen. Je 2 Wienerli darauflegen. Teigstücke mehrfach im Abstand von ca. 2 cm schräg einschneiden. Streifen von links und rechts abwechslungsweise über die Wienerli legen, sodass sie sich leicht überlappen. Teigenden unter das Päckli schieben (siehe S. 108).
		Backen: ca. 15 Min. in der unteren Hälfte des Ofens.
1 EL **2 EL** **4 EL** **¼ TL** **wenig** **1** **4**	**grobkörniger Senf** **Apfelessig** **Rapsöl** **Salz** **Pfeffer** **Gurke** **Zweiglein Pfefferminze**	**Gurkensalat:** Senf, Essig, Öl, Salz und Pfeffer verrühren. Gurke entkernen, in Stängeli schneiden. Pfefferminze fein schneiden, beides beigeben, mischen, mit den Wienerli im Teig servieren.

Stück: 775 kcal, F 61 g, Kh 34 g, E 20 g

Pilzkrapfen

25 Min. + 18 Min. backen   vegan   laktosefrei

Ergibt 8 Stück

20 g	**getrocknete Steinpilze**	Steinpilze im Wasser ca. 15 Min. einweichen, abtropfen,
4 dl	**Wasser**	grob hacken. Zwiebel und Knoblauch schälen,
1	**Zwiebel**	fein hacken. Champignons in Scheiben schneiden.
1	**Knoblauchzehe**	
450 g	**Champignons**	
1 EL	**Olivenöl**	Öl in einer weiten beschichteten Bratpfanne heiss
1 EL	**Mehl**	werden lassen. Pilze ca. 5 Min. anbraten. Zwiebel und
1½ EL	**Aceto balsamico**	Knoblauch ca. 2 Min. mitbraten. Mehl darüberstäu-
2 EL	**Wasser**	ben, kurz weiterbraten. Aceto und Wasser beigeben,
½ TL	**Salz**	würzen, kurz köcheln. Pfanne von der Platte neh-
wenig	**Pfeffer**	men, Dill fein schneiden, daruntermischen, auskühlen.
1 Bund	**Dill**	
2	**ausgewallte Dinkel-Kuchenteige** (je ca. 32 cm Ø)	Ofen auf 200 Grad vorheizen. Teige entrollen, bei einem Teig 8 «Kuchenstücke» einkerben, mit wenig Wasser bestreichen. Füllung auf den «Kuchenstücken» verteilen. Zweiten Teig darauflegen, «Kuchenstücke» mit der Handkante einteilen, andrücken, in Stücke schneiden. Ränder mit einem Löffelstiel gut andrücken, Krapfen auf ein mit Backpapier belegtes Blech legen.
		Backen: ca. 18 Min. in der unteren Hälfte des Ofens.

Portion (¼): 634 kcal, F 36 g, Kh 58 g, E 18 g

Auch mit Weizenkuchenteig sind die Krapfen vegan.

Randenpäckli

⏱ 20 Min. + 20 Min. backen   🥕 vegetarisch   schlank

Für das Backblech gefüllte Teigtaschen
Ergibt 4 Stück

250 g	gekochte Randen	Ofen auf 220 Grad vorheizen.
200 g	Feta	Randen schälen, in Würfeli schneiden, in eine Schüssel
3 cm	Meerrettich	geben. Feta zerbröckeln, beigeben. Meerrettich schälen,
¼ TL	Salz	fein dazureiben, mischen, würzen.
wenig	Pfeffer	
1	ausgewallter Blätterteig (ca. 25 × 42 cm)	Teig entrollen, quer halbieren. Mit einer Teighälfte die Mulden des Blechs auslegen, dabei den Teig etwas auseinanderziehen. Füllung darin verteilen. Ei ver-
1	Ei	klopfen, Teigränder damit bestreichen. Mit dem Stempel die zweite Teighälfte einschneiden, Teig über die Füllung legen. Ränder mit der Schablone andrücken und ausschneiden. Schablone und überschüssigen Teig entfernen. Päckli mit dem restlichen Ei bestreichen.
		Backen: ca. 20 Min. in der unteren Hälfte auf dem Backofengitter des Ofens.

Päckli ohne das Backblech gefüllte Teigtaschen zubereiten: Teig längs und quer halbieren, je ¼ der Füllung auf einer Teighälfte verteilen, Ränder mit Ei bestreichen, freie Teighälften über die Füllung legen, Ränder gut andrücken. Päckli mit einer Gabel einstechen, auf ein mit Backpapier belegtes Blech legen, backen wie oben, die Backzeit verkürzt sich um ca. 5 Minuten.

Stück: 455 kcal, F 30 g, Kh 30 g, E 15 g

Laugenkranz mit Wurstfüllung

⏱ 15 Min. + 15 Min. backen   🌱 schlank   🥛 laktosefrei

220 g	Petersilienwurzeln	Ofen auf 220 Grad vorheizen.
2	Bauernbratwürste	Petersilienwurzeln schälen, grob in eine Schüssel reiben.
1 Bund	Petersilie	Würste längs aufschneiden, Brät herauslösen, beigeben. Petersilie fein schneiden, Nüsse grob hacken, beides daruntermischen.
50 g	Haselnüsse	

1	ausgewallter Blätterteig (ca. 32 cm Ø)	Teig entrollen, mit einem Messer 8 gleich grosse «Kuchenstücke» einkerben. «Kuchenstücke» von aussen je 4 cm tief und von innen je 7 cm tief einschneiden. Füllung ringsum auf dem Teig verteilen, sodass die Einschnitte frei bleiben. Äusseren Teigrand über die Füllung legen, mit wenig Wasser bestreichen. Innere Teigspitzen über die Füllung auf die Teigränder legen, gut andrücken. Kranz mit dem Backpapier auf ein Blech ziehen.

½ dl	Wasser	Wasser aufkochen, Salz beigeben, auflösen. Pfanne von der Platte nehmen, Natron beigeben, Kranz damit bestreichen.
¼ TL	Salz	
½ EL	Natron	

Backen: ca. 15 Min. auf der untersten Rille des Ofens.

Portion (¼): 507 kcal, F 36 g, Kh 26 g, E 18 g

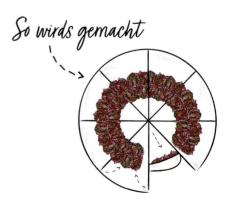

So wirds gemacht

Calzoni mit Wirz und Speck

 35 Min. + 20 Min. backen

Ergibt 2 Stück

500 g	**Wirz**	Ofen auf 240 Grad vorheizen.
150 g	**Speckwürfeli**	Wirz in feine Streifen schneiden. Speckwürfeli ohne
½ TL	**Salz**	Fett in einer beschichteten Bratpfanne langsam
1	**Bio-Orange**	knusprig braten. Wirz mit dem Salz beigeben, ca. 5 Min.
200 g	**Crème fraîche**	dämpfen. Von der Orange Schale dazureiben, Crème
wenig	**Pfeffer**	fraîche daruntermischen, würzen.
2	**ausgewallte Pizzateige** (je ca. 28 cm Ø) **Mehl** zum Bestäuben	Teige entrollen, mit wenig Mehl bestäuben, mit der bemehlten Seite nach unten auf die leicht bemehlte Arbeitsfläche geben, Backpapier entfernen. Je ½ der Füllung auf einer Teighälfte verteilen. Ränder mit wenig Wasser bestreichen, freie Teighälften über die Füllung legen. Ränder gut andrücken, Calzoni auf ein gut bemehltes Blech legen, mit wenig Mehl bestäuben.
		Backen: ca. 20 Min. auf der untersten Rille des Ofens.

Portion (¼): 762 kcal, F 35 g, Kh 84 g, E 23 g

Gerollt

Gipfeli, Strudel, Schnecken, Brezel, Börek: wunderschön geformtes Gebäck mit vielfältigen Füllungen – mit und ohne Fleisch. Verwöhnen Sie Ihre Lieben, und brillieren Sie mit Wow-Rezepten!

Pizza-Schnecke

⏱ 20 Min. + 45 Min. backen   🥕 vegetarisch   🔥 schlank

Für eine Springform von ca. 24 cm Ø, Rand gefettet und bemehlt

200 g	**Tomaten**	Ofen auf 200 Grad vorheizen.
150 g	**Taleggio**	Tomaten und Käse in Würfeli schneiden, in eine Schüs-
4	**Zweiglein Oregano**	sel geben. Oregano fein schneiden, Oliven halbie-
50 g	**entsteinte grüne Oliven**	ren, mit den Pinienkernen daruntermischen, würzen.
3 EL	**Pinienkerne**	
½ TL	**Salz**	
wenig	**Pfeffer**	
1	**ausgewallter Pizzateig** (ca. 25 × 38 cm) **Mehl** zum Bestäuben	Teig entrollen, mit wenig Mehl bestäuben, mit der bemehlten Seite nach unten auf die leicht bemehlte Arbeitsfläche geben. Backpapier entfernen. Teig längs halbieren. Teigstreifen sich leicht überlappend hintereinanderlegen, sodass ein langer Teigstreifen entsteht (ca. 12 × 72 cm). Füllung darauf verteilen, dabei oben und unten einen Rand von ca. 3 cm frei lassen. Teigränder mit wenig Wasser bestreichen, über der Füllung zusammendrücken. Rolle auf einem Backpapier zu einer Schnecke aufrollen, auf den Springformboden ziehen, Springformring aufsetzen und verschliessen.
		Backen: ca. 45 Min. in der unteren Hälfte des Ofens.

Portion (¼): 529 kcal, F 19 g, Kh 68 g, E 20 g

Poulet-Mais-Strudel

⏱ 15 Min. + 25 Min. backen   schlank   laktosefrei

1 Dose	**Maiskörner** (ca. 340 g)	Ofen auf 180 Grad vorheizen.
1	**Zwiebel**	Mais abtropfen, in eine Schüssel geben. Zwiebel schälen, fein hacken, mit dem Poulet, dem Sambal Oelek und dem Salz daruntermischen.
450 g	**Pouletbrustwürfel**	
1 TL	**Sambal Oelek**	
½ TL	**Salz**	
1 Päckli	**Strudelteig** (ca. 120 g)	Teigblätter sorgfältig auseinanderfalten, mit Öl bestreichen, je 2 Teigblätter aufeinanderlegen, diese nebeneinander sich ca. ⅓ überlappend auf ein Tuch legen, sodass ein grosses Rechteck (ca. 37 × 52 cm) entsteht. Füllung auf dem unteren Viertel verteilen, dabei seitlich einen Rand von ca. 2 cm frei lassen, seitliche Ränder einschlagen. Tuch anheben, Strudel locker aufrollen, mit dem Verschluss nach unten auf ein mit Backpapier belegtes Blech legen, mit dem restlichen Öl bestreichen.
¾ dl	**Sonnenblumenöl**	
		Backen: ca. 25 Min. in der unteren Hälfte des Ofens.

Portion (¼): 448 kcal, F 20 g, Kh 33 g, E 31 g

Tipp

Servieren Sie einen Salat mit Cicorino rosso zum Strudel, er passt geschmacklich und farblich perfekt.

Blume formen

Rolle mehrfach ein-, aber nicht ganz durchschneiden, zu einem Ring schliessen, Stücke nach aussen klappen.

Rezept →

Spargelblumen

⏲ 30 Min. + 20 Min. backen   🥕 vegetarisch   🍴 schlank

Ergibt 4 Stück

500 g	**grüne Spargeln**	Ofen auf 220 Grad vorheizen.
1	**Bio-Zitrone**	Unteres Drittel der Spargeln schälen. Spargeln in feine Scheiben schneiden, die Hälfte davon in eine Schüssel geben, Rest für den Salat beiseite stellen. Von der Zitrone die Hälfte der Schale in die Schüssel reiben, mischen.
1	**ausgewallter Blätterteig** (ca. 25 × 42 cm)	Teig entrollen, längs halbieren. Frischkäse auf dem Teig verteilen, Spargeln darauf verteilen, dabei auf den Längsseiten einen ca. 2 cm und auf den Schmalseiten einen ca. 1 cm breiten Rand frei lassen. Teige aufrollen, Enden gerade schneiden. Rollen halbieren, ca. alle 2 cm ein-, aber nicht ganz durchschneiden, Blumen formen (siehe S. 126), auf ein mit Backpapier belegtes Blech legen. Fleur de Sel darüberstreuen.
125 g	**Frischkäse nature**	
¼ TL	**Fleur de Sel**	
		Backen: ca. 20 Min. in der unteren Hälfte des Ofens.
1 EL	**Zitronensaft**	Zitronensaft, Öl, Salz und Pfeffer verrühren. Restliche Spargeln beigeben, mischen, mit den Micro Greens und den Blüten in den Spargelblumen anrichten.
3 EL	**Sonnenblumenöl**	
¼ TL	**Salz**	
wenig	**Pfeffer**	
30 g	**Micro Greens** oder Kresse	
einige	**essbare Blüten** (z. B. Borretsch)	

Stück: 471 kcal, F 35 g, Kh 30 g, E 8 g

Frühlingsrollen

⏱ 50 Min. + 15 Min. backen 🌿 vegan 🥛 laktosefrei

Ergibt 16 Stück

400 g	**Rüebli**	Ofen auf 200 Grad vorheizen.
3	**Bundzwiebeln mit dem Grün**	Rüebli schälen, in feine Streifen schneiden, Zwiebeln in feine Ringe schneiden. Pilze vierteln.
150 g	**Shiitake-Pilze**	
	geröstetes Sesamöl zum Rührbraten	Wenig Öl in einer beschichteten Bratpfanne heiss werden lassen. Rüebli und Zwiebeln ca. 5 Min. rührbraten, herausnehmen. Wenig Öl in dieselbe Pfanne geben, Kefen und Pilze ca. 5 Min. rührbraten. Rüebli und Zwiebeln wieder beigeben, Erdnüsse und Sojasauce daruntermischen, kurz weiterrührbraten, bis die Flüssigkeit eingekocht ist, auskühlen.
300 g	**tiefgekühlte Kefen, aufgetaut**	
50 g	**gesalzene Erdnüsse**	
4 EL	**Sojasauce**	
2 Päckli	**Strudelteig (je ca. 120 g)**	Teigblätter von 1 Päckli sorgfältig auseinanderfalten, mit Öl bestreichen, je 2 Blätter aufeinanderlegen, in je 4 Quadrate schneiden. Die Hälfte der Füllung diagonal auf die Teigmitten geben. Seitliche Teigspitzen über die Füllung legen, untere Spitzen darauflegen, satt aufrollen, leicht andrücken. Mit dem Verschluss nach unten auf ein mit Backpapier belegtes Blech legen. Restliche Rollen gleich formen, mit dem restlichen Öl bestreichen.
1½ dl	**geröstetes Sesamöl**	
		Backen: ca. 15 Min. in der Mitte des Ofens.
1 dl	**Reisessig oder Weissweinessig**	Essig, Zucker und Öl gut verrühren. Chili entkernen, fein hacken, beigeben. Ingwer schälen, fein dazureiben, Knoblauch dazupressen, mischen. Sauce zu den Frühlingsrollen servieren.
2 EL	**gemahlener Rohzucker**	
1 EL	**geröstetes Sesamöl**	
1	**roter Chili**	
2 cm	**Ingwer**	
2	**Knoblauchzehen**	

Portion (¼): 765 kcal, F 50 g, Kh 58 g, E 16 g

Mit Koriander garnieren

Käse-Börek

⏱ 25 Min. + 20 Min. backen   🥕 vegetarisch

Ergibt 4 Stück

300 g	Gruyère	Ofen auf 200 Grad vorheizen.
400 g	Feta	Käse an der Röstiraffel in eine Schüssel reiben.
1 Beutel	Pfefferminztee	Feta zerbröckeln, beigeben. Teebeutel aufschneiden, Inhalt unter den Käse mischen.
2 Päckli	Strudelteig (je ca. 120 g)	Teigblätter sorgfältig auseinanderfalten. Ein Teigblatt auf ein Tuch legen, mit wenig Öl bestreichen, ein zweites Teigblatt leicht überlappend darauflegen, mit wenig Öl bestreichen. ¼ der Füllung auf dem unteren Drittel des Teigs verteilen, dabei seitlich einen Rand von ca. 3 cm frei lassen. Freie Teigseite mit Wasser bestreichen. Seitliche Ränder einschlagen, Tuch anheben, Strudel locker aufrollen, zu einer Schnecke einrollen, auf ein mit Backpapier belegtes Blech legen. Restliche Böreks gleich formen, mit dem restlichen Öl bestreichen.
1¼ dl	Olivenöl	
		Backen: ca. 20 Min. in der unteren Hälfte des Ofens.

Stück: 992 kcal, F 74 g, Kh 36 g, E 44 g

Tipp

Damit der Teig nicht antrocknet und spröde wird, bedecken Sie diesen während der Verarbeitung immer mit einem feuchten Küchentuch.

Börek mit Hackfleisch und Krautstiel

⏱ 35 Min. + 20 Min. backen   🥛 laktosefrei

Ergibt 4 Stück

1	**Zwiebel**	Ofen auf 200 Grad vorheizen.
600 g	**Krautstiel**	Zwiebel schälen, mit dem Krautstiel in feine Streifen schneiden.
	Öl zum Braten	Wenig Öl in einer beschichteten Bratpfanne heiss werden lassen. Fleisch portionenweise je ca. 5 Min. anbraten, herausnehmen, Hitze reduzieren.
600 g	**Hackfleisch** (Rind)	
1	**Knoblauchzehe**	Wenig Öl in derselben Pfanne warm werden lassen. Zwiebel ca. 2 Min. andämpfen. Knoblauch dazupressen, kurz mitdämpfen. Krautstiel nach und nach beigeben, zusammenfallen lassen, ca. 3 Min. weiterdämpfen. Fleisch wieder beigeben, würzen, etwas abkühlen.
¼ TL	**Cayennepfeffer**	
¼ TL	**Zimt**	
1½ TL	**Salz**	
2 Päckli	**Strudelteig** (je ca. 120 g)	Teigblätter sorgfältig auseinanderfalten. Ein Teigblatt auf ein Tuch legen, mit wenig Öl bestreichen, ein zweites Teigblatt leicht überlappend darauflegen, mit wenig Öl bestreichen. ¼ der Füllung auf dem unteren Drittel des Teigs verteilen, dabei seitlich einen Rand von ca. 3 cm frei lassen. Freie Teigseite mit Wasser bestreichen. Seitliche Ränder einschlagen, Tuch anheben, Strudel locker aufrollen, zu einer Schnecke einrollen, auf ein mit Backpapier belegtes Blech legen. Restliche Böreks gleich und formen, mit dem restlichen Öl bestreichen.
1¼ dl	**Olivenöl**	

Backen: ca. 20 Min. in der unteren Hälfte des Ofens.

Stück: 776 kcal, F 49 g, Kh 42 g, E 40 g

Damit der Teig nicht antrocknet und spröde wird, bedecken Sie diesen während der Verarbeitung immer mit einem feuchten Küchentuch. Statt Krautstiel Spinat verwenden.

S formen

Beide Stränge bis auf ca. 8 cm zu Schnecken aufrollen. Schnecken so auf einem Backpapier aneinanderlegen, dass die Enden nebeneinanderliegen, andrücken.

Rezept →

Pizza-S

⏱ 20 Min. + 30 Min. backen   🥕 vegetarisch   🏃 schlank   🥛 laktosefrei

10	getrocknete Tomaten in Öl	Ofen auf 200 Grad vorheizen. Tomaten und Peperoni abtropfen, grob hacken, in eine Schüssel geben. Zwiebel und Knoblauch schälen, fein hacken, mit dem Käse und den Chiliflocken daruntermischen.
1 Glas	grillierte Peperoni in Öl (ca. 290 g)	
1	Zwiebel	
1	Knoblauchzehe	
120 g	geriebener Parmesan	
1 TL	Chiliflocken	
1	ausgewallter Pizzateig (ca. 25 × 38 cm) Mehl zum Bestäuben	Teig entrollen, mit wenig Mehl bestäuben, mit der bemehlten Seite nach unten auf die leicht bemehlte Arbeitsfläche geben. Backpapier entfernen. Füllung auf dem Teig verteilen, dabei ringsum einen Rand von 2 cm frei lassen. Teig von einer Längsseite her satt aufrollen. Rolle längs halbieren, beide Stränge bis auf ca. 8 cm zu Schnecken aufrollen. Schnecken so auf einem Backpapier aneinanderlegen, dass die Enden nebeneinanderliegen, andrücken (siehe S. 136), mit dem Backpapier auf ein Blech ziehen.
		Backen: ca. 30 Min. in der unteren Hälfte des Ofens. Herausnehmen, auf einem Gitter etwas abkühlen, lauwarm servieren.

Portion (¼): 532 kcal, F 17 g, Kh 72 g, E 22 g

Schinkengipfel

 20 Min. + 30 Min. backen

Ergibt 8 Stück

200 g	**Rüebli**	Ofen auf 180 Grad vorheizen (Heissluft). Rüebli schälen, an der Röstiraffel in eine Schüssel reiben. Schinken in feine Streifen schneiden, Schnittlauch fein schneiden, beides mit dem Quark beigeben, würzen, mischen.
160 g	**Hinterschinken in Tranchen**	
1 Bund	**Schnittlauch**	
150 g	**Rahmquark**	
¼ TL	**Salz**	
wenig	**Pfeffer**	
2	**ausgewallte Kuchenteige** (je ca. 32 cm Ø)	Teige in je 8 gleich grosse «Kuchenstücke» schneiden. Füllung auf dem breiteren Teil der Teigstücke verteilen. Ei verklopfen, Teigränder mit wenig Ei bestreichen, Teigstücke zur Spitze hin aufrollen, mit der Verschlussseite nach unten auf zwei mit Backpapier belegte Bleche legen. Gipfeli formen, mit Ei bestreichen.
1	**Ei**	
		Backen: ca. 30 Minuten.

Portion (¼): 698 kcal, F 40 g, Kh 60 g, E 22 g

Spinat-Prussiens mit Speck

⏱ 15 Min. + 25 Min. backen

Ergibt 8 Stück

250 g	Ricotta	Ofen auf 200 Grad vorheizen.
1	Bio-Zitrone	Ricotta in eine Schüssel geben. Von der Zitrone wenig
¼ TL	Salz	Schale dazureiben, würzen, mischen.
wenig	Pfeffer	

1	ausgewallter Pizzateig (ca. 25 × 38 cm) **Mehl** zum Bestäuben	Teig entrollen, mit wenig Mehl bestäuben, mit der bemehlten Seite nach unten auf die leicht bemehlte Arbeitsfläche geben. Backpapier entfernen. Ricotta darauf verteilen, dabei ringsum einen Rand von ca. 1 cm frei lassen. Speckwürfeli und Spinat darauf verteilen, etwas andrücken, von beiden Schmalseiten her zur Mitte aufrollen. Rolle in 8 gleich grosse Stücke schneiden, auf ein mit Backpapier belegtes Blech legen.
160 g	Speckwürfeli	
80 g	Jungspinat	

Backen: ca. 25 Min. in der unteren Hälfte des Ofens.

Portion (¼): 528 kcal, F 18 g, Kh 68 g, E 24 g

Aroma-Tipp

Reiben Sie Muskatnuss in den Ricotta, Muskat harmoniert perfekt mit Spinat und Speck.

Thonrolle

⏱ 20 Min. + 45 Min. backen   schlank

1 **ausgewallter Pizzateig** (ca. 25 × 38 cm) **Mehl** zum Bestäuben	Ofen auf 200 Grad vorheizen. Teig entrollen, mit wenig Mehl bestäuben, mit der bemehlten Seite nach unten auf die leicht bemehlte Arbeitsfläche geben. Backpapier entfernen.
1 Dose **Thon in Öl** (ca. 200 g) 80 g **Pecorino** 50 g **entsteinte Oliven** 4 **Zweiglein Oregano** 2 EL **Kapern**	Thon abtropfen, zerzupfen, in eine Schüssel geben. Käse an der Röstiraffel dazureiben. Oliven in Ringe schneiden, Oregano fein schneiden, Kapern abspülen, abtropfen, alles beigeben, mischen. Masse auf dem Teig verteilen, dabei ringsum einen Rand von ca. 2 cm frei lassen, gut andrücken. Teig von der Schmalseite her aufrollen, mit der Verschlussseite nach unten auf ein mit Backpapier belegtes Blech legen.
	Backen: ca. 45 Min. auf der untersten Rille des Ofens. Herausnehmen, etwas abkühlen, in Scheiben schneiden, lauwarm servieren.

Portion (¼): 517 kcal, F 16 g, Kh 66 g, E 26 g

Ersetzen Sie den Thon durch fein geschnittenen Schinken.

Rollen formen

Teigstreifen füllen, Ränder über der Füllung ein paar Mal zusammendrücken.

<-- - - - Streifen locker aufrollen.

Rezept →

Broccolischnecken

⏱ 20 Min. + 25 Min. backen 🥕 vegetarisch

Ergibt 4 Stück

400 g	Broccoli	Ofen auf 220 Grad vorheizen.
4 EL	Mandelstifte	Broccoli fein hacken, mit Mandeln, Sultaninen und Öl
3 EL	dunkle Sultaninen	mischen, würzen.
1 EL	Olivenöl	
½ TL	Salz	
wenig	Pfeffer	
2	ausgewallte Flammkuchenteige (ca. 23 × 38 cm)	Teige entrollen, längs halbieren. Broccolimasse darauf verteilen, dabei ringsum einen Rand von ca. 3 cm frei lassen. Käse in kleine Stücke schneiden, darauf verteilen. Teigränder mit wenig Wasser bestreichen, über der Füllung ein paar Mal zusammendrücken, sodass die Füllung noch sichtbar bleibt (siehe S. 146). Teigstränge locker zu Schnecken einrollen, auf ein mit Backpapier belegtes Blech legen.
125 g	Blauschimmelkäse (z. B. Saint Agur)	
		Backen: ca. 25 Min. in der unteren Hälfte des Ofens.

Stück: 646 kcal, F 27 g, Kh 76 g, E 22 g

Kein Fan von Blauschimmelkäse?

Wenn Sie Blauschimmelkäse nicht mögen, wählen Sie einfach einen anderen Weichkäse (z. B. Brie).

Orientalische Lammgipfeli

⏱ **45 Min. + 15 Min. backen**

Ergibt 16 Stück

500 g	**Blumenkohl**	Ofen auf 180 Grad vorheizen (Heissluft). Blumenkohl an der Röstiraffel reiben.
600 g ¾ TL	**geröstetes Sesamöl** zum Braten **Hackfleisch** (Lamm) **Salz**	Wenig Öl in einer Bratpfanne heiss werden lassen. Fleisch portionenweise je ca. 3 Min. anbraten, herausnehmen, salzen. Bratfett auftupfen, wenig Öl in dieselbe Pfanne geben.
½ TL 3 EL 2 EL	**Salz** **dunkle Sultaninen** **Ras el Hanout** oder 1 EL milder Curry	Blumenkohl mit dem Salz ca. 7 Min. rührbraten, zum Fleisch geben, Sultaninen und Ras el Hanout daruntermischen, auskühlen.
2 Päckli 1½ dl	**Strudelteig** (je ca. 120 g) **geröstetes Sesamöl**	Teigblätter von 1 Päckli sorgfältig auseinanderfalten, mit Öl bestreichen, je 2 Blätter aufeinanderlegen, in je 4 Quadrate schneiden. Die Hälfte der Füllung auf den Teigmitten verteilen. Schräg gegenüberliegende Teigspitzen zusammendrücken, mit Öl bestreichen, zu Gipfeli aufrollen, Teigenden mit nassen Fingern zusammendrücken. Gipfeli auf zwei mit Backpapier belegte Bleche legen. Restliche Gipfeli gleich formen, mit dem restlichen Öl bestreichen.
		Backen: ca. 15 Minuten.
1 Bund **360 g** ¼ TL	**Koriander** **Joghurt nature** **Salz**	Koriander fein schneiden, mit dem Joghurt und dem Salz mischen, zu den Gipfeli servieren.

Portion (¼): 883 kcal, F 56 g, Kh 48 g, E 43 g

Cervelat im Teig mit Rettichsalat

⏱ 25 Min. + 25 Min. backen   laktosefrei

Ergibt 4 Stück

1	**ausgewallter Flammkuchenteig** (ca. 23 × 38 cm)	Ofen auf 200 Grad vorheizen. Teig entrollen, längs und quer halbieren. Teigstücke quer ca. alle 2 cm längs bis zur Mitte einschneiden. Senf auf den nicht eingeschnittenen Teighälften verteilen, Cervelats schälen, darauflegen. Freie Teighälfte darüberlegen, Enden gut andrücken, auf ein mit Backpapier belegtes Blech legen.
2 EL	**grobkörniger Senf**	
4	**Cervelats**	
		Backen: ca. 25 Min. in der Mitte des Ofens.
1 EL	**grobkörniger Senf**	Senf, Essig und Öl in einer Schüssel verrühren, würzen. Schnittlauch fein schneiden, beigeben. Rettich schälen, fein dazuhobeln, Radiesli in Schnitze schneiden, beigeben, mischen, mit den Cervelats im Teig anrichten.
3 EL	**Weissweinessig**	
6 EL	**Rapsöl**	
½ TL	**Salz**	
wenig	**Pfeffer**	
1 Bund	**Schnittlauch**	
350 g	**Rettich**	
1 Bund	**Radiesli**	

Stück: 635 kcal, F 43 g, Kh 39 g, E 20 g

Würstli im Teig für Grosse

Knoblauch-Kräuter-Brot

⏱ 30 Min. + 40 Min. backen   🥕 vegetarisch

Für eine Cakeform von ca. 30 cm, mit Backpapier ausgelegt

3	**Zwiebeln**	Ofen auf 220 Grad vorheizen.
2	**Bund Petersilie**	Zwiebeln schälen, in feine Streifen schneiden.
½ **Bund**	**Salbei**	Petersilie, Salbei und Thymian fein schneiden.
½ **Bund**	**Thymian**	
100 g	**Butter**	Butter in einer Pfanne warm werden lassen. Zwiebeln
4	**Knoblauchzehen**	andämpfen, Knoblauch dazupressen, ca. 5 Min.
½ **TL**	**Salz**	mitdämpfen, salzen, Petersilie, Salbei und Thymian darunftermischen, auskühlen.
1	**ausgewallter Pizzateig** (ca. 25 × 38 cm) **Mehl** zum Bestäuben	Teig entrollen, mit wenig Mehl bestäuben, mit der bemehlten Seite nach unten auf die leicht bemehlte Arbeitsfläche geben. Backpapier entfernen. Zwiebeln auf dem Teig verteilen, dabei ringsum einen Rand von ca. 2 cm frei lassen. Teig von der Längsseite her satt aufrollen. Rolle längs halbieren, Stränge so flechten, dass die Schnittflächen oben sind, in die vorbereitete Form legen.
		Backen: ca. 40 Min. in der unteren Hälfte des Ofens, evtl. 10 Min. vor Ende der Backzeit Brot mit Alufolie zudecken. Herausnehmen, Brot aus der Form heben, etwas auskühlen.

Portion (¼): 572 kcal, F 26 g, Kh 72 g, E 11 g

Einfacher flechten

Teigrolle vor dem Aufschneiden ca. 15 Min. im Tiefkühler anfrieren, so lässt sich der Teig einfacher flechten.

Maxi-Knoblibrot mit Suchtgefahr

Rolle mit Küchenschnur in Scheiben «schneiden».

Rezept →

Landjägerschnecken mit Kürbis

⏱ 20 Min. + 30 Min. backen

Ergibt 12 Stück

400 g	**Kürbis** (z. B. Butternut)	Ofen auf 220 Grad vorheizen.
4	**Landjäger**	Kürbis schälen, entkernen, grob in eine Schüssel
1 Bund	**Schnittlauch**	reiben. Landjäger in Würfeli schneiden, Schnittlauch
200 g	**Hüttenkäse nature**	fein schneiden, beides mit dem Hüttenkäse darunter-
¼ TL	**Salz**	mischen, würzen.
wenig	**Pfeffer**	
1	**ausgewallter Pizzateig** (ca. 25 × 38 cm) **Mehl** zum Bestäuben	Teig entrollen, mit wenig Mehl bestäuben, mit der bemehlten Seite nach unten auf die leicht bemehlte Arbeitsfläche geben. Backpapier entfernen. Kürbismasse auf dem Teig verteilen, dabei an den Längsseiten einen Rand von ca. 2 cm frei lassen. Teig von einer Längsseite her satt aufrollen, Rolle in 12 gleich grosse Stücke schneiden (siehe S. 157), auf ein mit Backpapier belegtes Blech setzen.
		Backen: ca. 30 Min. in der unteren Hälfte des Ofens.

Portion (¼): 663 kcal, F 27 g, Kh 72 g, E 30 g

Variieren Sie diese feinen Schnecken: Statt Landjäger schmecken sie auch mit Salsiz, Schinken- oder Speckwürfeli, Chorizo oder Salami. Ein fein gehackter Chili verleiht den Schnecken eine feine Schärfe.

Vacherin-Stern

⏱ 10 Min. + 1 Std. backen   🥕 vegetarisch

800 g wenig	**Pizzateig** **Mehl**	Ofen auf 220 Grad vorheizen. Teig auf die leicht bemehlte Arbeitsfläche geben, in zwei Portionen teilen, je rund auswallen (ca. 32 cm Ø). Einen Teig auf ein mit Backpapier belegtes Blech legen.
300 g 60 g	**Birnen** **Baumnusskerne**	Birnen an der Röstiraffel in eine Schüssel reiben. Baumnusskerne fein hacken, daruntermischen, auf dem Teig verteilen, dabei ringsum einen Rand von ca. 2 cm frei lassen. Masse gut andrücken, zweiten Teig darauflegen, Rand gut andrücken. Teig ringsum 16-mal bis knapp zur Mitte einschneiden. Teigstreifen je 2-mal eindrehen.
1	**Vacherin Mont d'Or in der Holzschachtel** (ca. 400 g)	**Backen:** ca. 30 Min. in der unteren Hälfte des Ofens. Herausnehmen, Stern auf einem Gitter etwas abkühlen. Vom Käse die Plastikfolie entfernen, Käse mit der Holzschachtel auf das mit Backpapier belegte Blech stellen.
		Backen: ca. 30 Min. in der Mitte des Ofens. Herausnehmen, Käse zum Stern servieren.

Portion (¼): 959 kcal, F 46 g, Kh 99 g, E 34 g

Schinken-Käse-Brezel

⏱ 15 Min. + 25 Min. backen

200 g	**geriebener Gruyère**	Ofen auf 200 Grad vorheizen.
150 g	**Rahmquark**	Käse, Quark, Muskat und Pfeffer mischen. Schinken längs halbieren.
wenig	**Muskat**	
wenig	**Pfeffer**	
6	**Tranchen Hinterschinken** (ca. 100 g)	
1	**ausgewallter Pizzateig** (ca. 25 × 38 cm) **Mehl** zum Bestäuben	Teig entrollen, mit wenig Mehl bestäuben, mit der bemehlten Seite nach unten auf die leicht bemehlte Arbeitsfläche geben. Backpapier entfernen. Teig längs halbieren. Teigstreifen sich leicht überlappend nebeneinanderlegen, sodass ein langer Teigstreifen entsteht (ca. 12 × 72 cm). Schinken auf den Teig legen, sodass ringsum ein Rand von ca. 2 cm frei bleibt. Käsemasse rollenartig auf den Schinken geben, Teigränder mit wenig Wasser bestreichen. Einen Teigrand über die Füllung legen, zweiten Teigrand darüberlegen, gut andrücken. Teigrolle mit der Verschlussseite nach unten auf ein mit einem Backpapier belegtes Blech legen, zu einer Brezel formen.
½ dl	**Wasser**	Wasser aufkochen, Salz beigeben, auflösen, Pfanne von der Platte nehmen. Natron beigeben, Brezel damit bestreichen. Kürbiskerne nach Belieben grob hacken, darüberstreuen.
¼ TL	**Salz**	
½ EL	**Natron**	
50 g	**Kürbiskerne**	
3 EL	**Kaffeerahm** oder **Rahm**	**Backen:** ca. 25 Min. in der unteren Hälfte des Ofens. Herausnehmen, sofort mit Kaffeerahm bestreichen, auf einem Gitter etwas abkühlen, lauwarm servieren.

Portion (¼): 738 kcal, F 35 g, Kh 68 g, E 36 g

Sweet Potato Rolls

⏱ 20 Min. + 30 Min. backen 🥕 vegetarisch 🏃 schlank 🥛 laktosefrei

Für ein Backblech von ca. 20 cm Ø, mit Backpapier belegt

400 g	Süsskartoffeln	Ofen auf 220 Grad vorheizen.
1	Bio-Zitrone	Süsskartoffeln schälen, grob in eine Schüssel reiben.
2 Bund	glattblättrige Petersilie	Von der Zitrone die Hälfte der Schale dazureiben, 1 EL Saft dazupressen. Petersilie fein schneiden, mit
80 g	geriebener Sbrinz	dem Käse und dem Öl daruntermischen, würzen.
1 EL	Olivenöl	
½ TL	Salz	
wenig	Pfeffer	

1	ausgewallter Pizzateig (ca. 25 × 38 cm)	Teig entrollen, mit wenig Mehl bestäuben, mit der bemehlten Seite nach unten auf die leicht bemehlte Arbeitsfläche geben. Backpapier entfernen. Süsskartoffelmasse auf dem Teig verteilen, dabei ringsum einen Rand von ca. 2 cm frei lassen. Teigränder mit wenig Wasser bestreichen. Teig von einer Längsseite her satt aufrollen. Rolle in 12 gleich grosse Stücke schneiden (siehe S. 156), ins vorbereitete Blech setzen.
		Backen: ca. 30 Min. in der unteren Hälfte des Ofens. Herausnehmen, etwas abkühlen, lauwarm servieren.

Portion (¼): 528 kcal, F 14 g, Kh 81 g, E 17 g

Teige vierteln

Stücke zu Gipfeli aufrollen

Rezept →

Mortadella-Gipfel mit Pesto rosso

 10 Min. + 25 Min. backen

Ergibt 8 Stück

150 g	**Mozzarella**	Ofen auf 220 Grad vorheizen.
8	**Tranchen Mortadella**	Mozzarella in 8 Stängel schneiden, mit je einer Tranche
	(ca. 140 g)	Mortadella einpacken.
2	**ausgewallte**	Teige entrollen, mit wenig Mehl bestäuben, mit der
	Pizzateige	bemehlten Seite nach unten auf die leicht bemehlte
	(je ca. 28 cm Ø)	Arbeitsfläche geben. Backpapier entfernen. Teige
	Mehl zum Bestäuben	vierteln. Pesto, Tomatenpüree und Sambal Oelek ver-
100 g	**Pesto rosso**	rühren, auf dem breiteren Teil der Teigstücke ver-
50 g	**Tomatenpüree**	teilen, Mortadellapäckli darauflegen, zur Spitze hin
1 TL	**Sambal Oelek**	aufrollen, auf ein mit Backpapier belegtes Blech
		legen, zu Gipfel formen (siehe S. 166). Gipfeli mit wenig
		Mehl bestäuben.
		Backen: ca. 25 Min. in der unteren Hälfte des Ofens.

Portion (¼): 786 kcal, F 36 g, Kh 84 g, E 27 g

Fondue-Schnecken

⏱ 20 Min. + 25 Min. backen  vegetarisch   laktosefrei

Ergibt 4 Stück

½ Bund	Pfefferminze
½ Bund	Salbei
3	Zweiglein Thymian
600 g	Fondue-Käsemischung Moitié-Moitié
1 TL	Maizena
¾ dl	Weisswein

Ofen auf 220 Grad vorheizen.
Pfefferminze, Salbei und Thymian fein schneiden, mit Käse und Maizena mischen, Wein daruntermischen.

| 2 | ausgewallte Pizzateige (je ca. 25 × 38 cm) |

Teige entrollen, mit wenig Mehl bestäuben, mit der bemehlten Seite nach unten auf die leicht bemehlte Arbeitsfläche geben. Backpapier entfernen. Teige längs halbieren. Füllung auf den Teigstreifen verteilen, dabei ringsum einen Rand von je ca. 3 cm frei lassen. Teigränder mit wenig Wasser bestreichen. Längsseiten über der Füllung gut zusammendrücken, Rollen zu Schnecken aufrollen, auf ein mit Backpapier belegtes Blech legen.

Backen: ca. 25 Min. in der unteren Hälfte des Ofens.

Stück: 1284 kcal, F 55 g, Kh 134 g, E 61 g

Gefüllt

Seien Sie gespannt auf grosse und kleine Wähen, mit und ohne Guss, ob für die Familie oder zu zweit: neue Lieblingsrezepte für alle vier Jahreszeiten und mit herrlichen Aromakombinationen.

Strudelwähe mit Radiesli

⏱ 20 Min. + 25 Min. backen   🥕 vegetarisch   🏋 schlank

Für ein Wähenblech von ca. 30 cm Ø, Boden mit Backpapier belegt, Rand gefettet und bemehlt

250 g	**Halbfettquark**	Ofen auf 200 Grad vorheizen.
3	**Eier**	Quark, Eier, Salz und Pfeffer in einer Schüssel verrüh-
¾ TL	**Salz**	ren. Von der Zitrone Schale dazureiben. Zwiebeln
wenig	**Pfeffer**	mit wenig Grün vierteln, beiseite stellen. Grün in Ringe
1	**Bio-Zitrone**	schneiden, unter den Quark mischen.
3	**Bundzwiebeln mit dem Grün**	
50 g	**Butter**	Butter in einer Pfanne schmelzen. Teigblätter aus-
1 Päckli	**Strudelteig** (ca. 120 g)	einanderfalten, mit wenig Butter bestreichen, sich leicht überlappend ins vorbereitete Blech legen. Vorstehende Teigränder nach innen legen, etwas andrücken. Quarkmasse auf dem Teigboden verteilen.
10	**Radiesli mit wenig Grün**	1 Radiesli in die Mitte setzen, restliche Radiesli halbieren, mit den beiseite gestellten Zwiebeln auf dem Guss verteilen.
		Backen: ca. 25 Min. auf der untersten Rille des Ofens.

Portion (¼): 326 kcal, F 19 g, Kh 23 g, E 15 g

Das gewisse Extra

Wenn Sie die Wähe besonders hübsch präsentieren möchten, garnieren Sie sie vor dem Servieren mit einigen Tête-de-Moine-Rosetten.

Spargelwähen mit Zitronen-Ricotta

⏱ 25 Min. + 30 Min. backen   🥕 vegetarisch   🍽 schlank

Für 2 Backbleche della Nonna von je ca. 11 × 35 cm oder ein Wähenblech von ca. 30 cm Ø, Boden mit Backpapier belegt, Rand gefettet

500 g	**grüne Spargeln**	Ofen auf 220 Grad vorheizen.
4 l	**Wasser**	Von den Spargeln unteres Drittel schälen, längs hal-
½ TL	**Natron**	bieren. Wasser mit Natron aufkochen, Spargeln ca. 2 Min. kochen, herausnehmen, auf einem Küchentuch abtropfen, etwas abkühlen.
1	**ausgewallter Kuchenteig** (ca. 25 × 42 cm)	Teig entrollen, ca. 2 cm breiter auswallen, längs halbieren. Teige in die vorbereiteten Bleche legen, Teigböden mit einer Gabel dicht einstechen.
250 g	**Ricotta**	Ricotta mit dem Rahm glatt rühren, Thymianblättchen
½ dl	**Vollrahm**	abzupfen, beigeben, würzen, auf den Teigböden
6	**Zweiglein Zitronenthymian** oder Thymian	verteilen.
½ TL	**Fleur de Sel**	
wenig	**Pfeffer**	
½ TL	**Fleur de Sel**	Spargeln auf die Ricottamasse legen, Fleur de Sel darüberstreuen.
1 EL	**Olivenöl**	**Backen:** ca. 30 Min. auf der untersten Rille des Ofens. Herausnehmen, Öl darüberträufeln, etwas abkühlen.

Portion (¼): 512 kcal, F 34 g, Kh 38 g, E 12 g

Es grünt so grün!

Grünes Gemüse bewahrt durch das kurze Blanchieren in Natronwasser seine schöne Farbe – selbst beim Backen. Darum sind die Spargeln in unserem Bild so knackig frisch. Wenn Sie kein Natron haben, blanchieren Sie die Spargeln in Salzwasser.

Schmeckt auch mit Thymian.

Vegi-Tipp

Ersetzen Sie den Speck durch geräucherten Tofu, in Würfeli.

Rezept →

Kohlrabiwähe mit Speckwürfeli

⏱ **20 Min. + 35 Min. backen**

Für ein Wähenblech von ca. 28 cm Ø

800 g	Kohlrabi	Ofen auf 220 Grad vorheizen.
100 g	rezenter Appenzeller	Kohlrabi schälen, in ca. 2 mm dicken Scheiben in eine
1 Bund	Schnittlauch	Schüssel hobeln (z. B. Wellenhobel). Käse in Würfeli
160 g	Speckwürfeli	schneiden, Schnittlauch fein schneiden, beides mit
¾ TL	Salz	dem Speck beigeben, mischen, würzen.
wenig	Pfeffer	
1	**ausgewallter Pizzateig** (ca. 28 cm Ø) **Mehl** zum Bestäuben	Teig entrollen, mit wenig Mehl bestäuben, etwas grösser auswallen (ca. 32 cm Ø), mit dem Backpapier ins Blech legen. Boden mit einer Gabel dicht einstechen, Füllung darauf verteilen.
4	Eier	Eier und Milch verrühren, würzen, darübergiessen.
1 dl	Milch	
¼ TL	Salz	
wenig	Pfeffer	
30 g	**Micro Greens** oder Kresse	**Backen:** ca. 35 Min. auf der untersten Rille des Ofens. Herausnehmen, etwas abkühlen, Micro Greens darüberstreuen.

Portion (¼): 576 kcal, F 29 g, Kh 47 g, E 28 g

Kartoffelwähe niçoise

 20 Min. + 35 Min. backen   laktosefrei

Für ein quadratisches Blech von ca. 24 cm

3	**Eier**	Ofen auf 220 Grad vorheizen.
400 g	**fest kochende Kartoffeln**	Eier in einer Schüssel verklopfen. Kartoffeln schälen, an der Röstiraffel dazureiben. Bundzwiebeln in feine
2	**Bundzwiebeln mit dem Grün**	Ringe schneiden, wenig Grün beiseite stellen, Rest beigeben. Bohnen in ca. 1 cm lange Stücke schneiden,
300 g	**tiefgekühlte Bohnen, aufgetaut**	beigeben. Knoblauch dazupressen, würzen, mischen.
1	**Knoblauchzehe**	
1 TL	**Salz**	
wenig	**Pfeffer**	
1	**ausgewallter Blätterteig** (ca. 25 × 42 cm)	Teig entrollen, von der Schmalseite 2 je ca. 4½ cm breite Streifen für den Rand abschneiden. Restlichen Teig mit dem Backpapier ins Blech legen, überstehende Teigränder nach innen umschlagen, Teigstreifen
200 g	**Tomaten**	an die zwei freien Ränder legen, am Boden und an den Ecken gut andrücken. Boden mit einer Gabel dicht einstechen. Kartoffelmasse darauf verteilen. Tomaten in Schnitze schneiden, darauf verteilen.
1 Dose	**Thon in Öl** (ca. 160 g)	**Backen:** ca. 35 Min. auf der untersten Rille des Ofens. Herausnehmen. Thon abtropfen, zerzupfen, Basi-
½ Bund	**Basilikum**	likumblätter abzupfen, mit dem beiseite gestellten
80 g	**schwarze Oliven**	Zwiebelgrün und den Oliven auf der Wähe verteilen,
1 EL	**Olivenöl**	Öl und Zitronensaft darüberträufeln.
1 TL	**Zitronensaft**	

Portion (¼): 583 kcal, F 33 g, Kh 45 g, E 23 g

Deluxe, bitte!

Garnieren Sie die Wähe statt mit Thon aus der Dose mit frischem Thunfisch in Sushi-Qualität: Schneiden Sie den Thunfisch in feine Scheiben, beträufeln Sie ihn mit Zitronensaft, und salzen Sie mit wenig Fleur de Sel.

Spargelwähen (Titelbild: Variante mit Burrata)

⏱ 20 Min. + 20 Min. backen   🌱 vegetarisch   ⚖ schlank   🥛 laktosefrei

Für das Backblech gefüllte Teigtaschen
Ergibt 4 Stück
Hauptgericht für 2 Personen oder Vorspeise für 4

250 g	grüne Spargeln	Ofen auf 220 Grad vorheizen. Von den Spargeln unteres Drittel schälen. Spargelspitzen abschneiden, längs halbieren, mit dem Öl mischen, beiseite stellen. Restliche Spargeln in feine Scheiben schneiden, in eine Schüssel geben. Die Hälfte des Rucolas fein schneiden, mit dem Mehl daruntermischen, würzen.
1 TL	Olivenöl	
100 g	Rucola	
½ EL	Mehl	
¼ TL	Salz	
wenig	Pfeffer	
½	ausgewallter Blätterteig (ca. 25 × 21 cm)	Mit dem Teig die Mulden des Blechs auslegen, dabei den Teig etwas auseinanderziehen. Spargelmasse darin verteilen. Eier und Salz verrühren, über die Füllung giessen. Schablone andrücken und Teig damit ausschneiden. Schablone und überschüssigen Teig entfernen. Beiseite gestellte Spargelspitzen auf den Wähen verteilen.
2	Eier	
¼ TL	Salz	
2 TL	Aceto balsamico bianco	**Backen:** ca. 20 Min. auf der untersten Rille auf dem Backofengitter des Ofens. Herausnehmen, etwas abkühlen, Aceto darüberträufeln. Restlichen Rucola mit dem Öl mischen, würzen, mit den Wähen anrichten.
1 EL	Olivenöl	
wenig	Fleur de Sel	
wenig	Pfeffer	

Ohne das Backblech gefüllte Teigtaschen zubereiten: 1 Blätterteig in der Backschale (ca. 130 g) verwenden, Füllung darin verteilen. Die Backzeit verlängert sich um ca. 5 Minuten.

Stück: 246 kcal, F 17 g, Kh 17 g, E 7 g

Tipps

Vor dem Servieren je 1 Burrata Piccola auf die Wähen legen, mit wenig Olivenöl beträufeln, mit Salz und Pfeffer würzen (siehe Titelbild).
Den restlichen Teig können Sie in Backpapier einrollen, in Folie einpacken und bis zu 2 Monate tiefkühlen.

Teig zuschneiden

Vom Block alle Ecken abschneiden und zu einem Rechteck zusammenfügen.

Formen

Das rhombenförmige Teigstück oval, das Teigrechteck zu einem langen Streifen auswallen, diesen in 4 Streifen schneiden. Je 2 Streifen aufeinander am Rand auf das Oval legen.

Rezept →

Tomatenwähe

⏱ 25 Min. + 25 Min. backen   vegetarisch

500 g	**Blätterteig**	Ofen auf 220 Grad vorheizen.
wenig	Mehl	Teig auf die leicht bemehlte Arbeitsfläche legen, die
1	Ei	Ecken abschneiden, beiseite legen. Teig auf wenig Mehl oval auswallen (ca. 25 × 45 cm), auf ein mit einem Backpapier belegtes Blech legen. Beiseite gelegte Teigecken zu einem Rechteck zusammensetzen, auf wenig Mehl auswallen (ca. 10 × 50 cm), längs in 4 Streifen schneiden. Ei verklopfen, Teigrand und Streifen damit bestreichen. Je zwei Teigstreifen aufeinander auf den Rand des Teigovals legen (siehe S. 186). Teigboden mit einer Gabel sehr dicht einstechen.
3 EL	**grüne Oliven-Tapenade**	**Backen:** ca. 15 Min. in der unteren Hälfte des Ofens. Herausnehmen, Teigboden mit der Tapenade bestreichen. Tomaten in Scheiben oder Viertel schneiden, auf der Tapenade verteilen, Pinienkerne darüberstreuen.
700 g	verschiedenfarbige Tomaten	
2 EL	Pinienkerne	
270 g	**Mozzarella** (z. B. Mini und Perlen)	**Fertig backen:** ca. 10 Min. Herausnehmen, Mozzarella auf der Wähe verteilen, Öl darüberträufeln. Basilikumblätter abzupfen, Wähe damit garnieren, mit Fleur de Sel und Pfeffer würzen.
1 EL	Olivenöl	
½ Bund	Basilikum	
¾ TL	Fleur de Sel	
wenig	Pfeffer	

Portion (¼): 772 kcal, F 53 g, Kh 48 g, E 24 g

Zucchiniwähe

⏱ 25 Min. + 35 Min. backen

Für ein Backblech, mit Backpapier belegt

500 g	Mascarpone	Ofen auf 200 Grad vorheizen.
80 g	geriebener Sbrinz	Mascarpone, Käse, Eier und Mehl in einer Schüssel
3	Eier	mischen. Dill fein schneiden, beigeben. Von der Zitrone
1 EL	Mehl	Schale dazureiben, die Hälfte des Safts auspressen,
1½ Bund	Dill	beigeben, salzen, gut mischen.
1	Bio-Zitrone	
½ TL	Salz	
100 g	Butter	Butter in einer Pfanne schmelzen, etwas abkühlen.
250 g	Filoteig	Teigblätter auseinanderfalten, mit wenig Butter bestreichen, zwei Teigblätter sich leicht überlappend ins vorbereitete Blech legen, sodass die Teigränder etwas über dem Blechrand liegen. Mit den restlichen Teigblättern Vorgang wiederholen, Rand formen. Mascarponemasse darauf verteilen.
700 g	Zucchini	Zucchini längs in ca. 5 mm dicke Scheiben schneiden,
2 EL	Olivenöl	auf der Masse verteilen, mit dem Öl bestreichen.
¾ TL	Fleur de Sel	**Backen:** ca. 35 Min. auf der untersten Rille des Ofens.
wenig	Pfeffer	Herausnehmen, Fleur de Sel und Pfeffer darüber-
90 g	Rohschinken in Tranchen	streuen. Rohschinken darauf verteilen, Dill zerzupfen, darüberstreuen.
½ Bund	Dill	

Portion (¼): 1235 kcal, F 102 g, Kh 44 g, E 33 g

Hackfleischwähen

⏱ **40 Min. + 20 Min. backen**

Für das Backblech gefüllte Teigtaschen
Ergibt 4 Stück
Hauptgericht für 2 Personen oder Vorspeise für 4

1	**Zwiebel**	Ofen auf 220 Grad vorheizen. Zwiebel schälen, fein hacken.
1 EL 300 g 1 EL 125 g 1 EL 1 EL ¼ TL ¼ TL ¾ TL	**Bratbutter** **Hackfleisch** (Rind) **Tomatenpüree** **Cherry-Tomaten** **dunkle Sultaninen** **Aceto balsamico** **Cayennepfeffer** **Zimt** **Salz**	Bratbutter in einer Bratpfanne heiss werden lassen. Hackfleisch und Zwiebel ca. 5 Min. anbraten. Tomatenpüree, Tomaten, Sultaninen, Aceto, Cayennepfeffer und Zimt daruntermischen, salzen, auskühlen.
½ 1 3 EL	**ausgewallter Kuchenteig** (ca. 25 × 21 cm) **Ei** **Milch**	Mit dem Teig die Mulden des Blechs auslegen, dabei den Teig etwas auseinanderziehen. Hackfleischmasse darin verteilen. Ei und Milch verrühren, über die Füllung giessen. Schablone andrücken und Teig damit ausschneiden. Schablone und überschüssigen Teig entfernen.
4	**Zweiglein glattblättrige Petersilie**	**Backen:** ca. 20 Min. auf der untersten Rille auf dem Backofengitter des Ofens. Herausnehmen, Petersilie grob schneiden, über die Wähen streuen.

Ohne das Backblech gefüllte Teigtaschen zubereiten: 1 Kuchenteig in der Backschale (ca. 140 g) verwenden, Füllung darin verteilen. Die Backzeit verlängert sich um ca. 5 Minuten.

Stück: 385 kcal, F 24 g, Kh 22 g, E 20 g

Restenretter-Tipp

Den restlichen Teig können Sie in Backpapier einrollen, in Folie einpacken und bis zu 2 Monate tiefkühlen.

Form auslegen

Teige halbieren, in die Form legen, überstehende Teigränder einschlagen, etwas andrücken.

Rezept →

Pissaladières

 30 Min. + 20 Min. backen   laktosefrei

Für 4 Backbleche von je ca. 18 cm Ø

400 g	**Zwiebeln**	Ofen auf 240 Grad vorheizen.
350 g	**Schalotten**	Zwiebeln und Schalotten schälen, in feine Schnitze
4	**Zweiglein Oregano**	schneiden. Oregano und Thymian grob schneiden.
4	**Zweiglein Thymian**	

3 EL	**Olivenöl**	Öl in einer Pfanne warm werden lassen. Zwiebeln und
2	**Knoblauchzehen**	Schalotten ca. 10 Min. knapp weich dämpfen. Knob-
½ TL	**Salz**	lauch dazupressen, kurz mitdämpfen, würzen, Kräuter
wenig	**Pfeffer**	darunternmischen, etwas abkühlen.

2	**ausgewallte Pizzateige** (je ca. 25 × 38 cm)	Teige entrollen, mit dem Backpapier quer halbieren, in die Bleche legen. Überstehende Teigränder ein-schlagen, etwas andrücken, überstehendes Papier abschneiden. Zwiebeln, Schalotten und Oliven
100 g	**schwarze Oliven**	auf dem Teigboden verteilen. Sardellen und Kapern
1 Dose	**Sardellenfilets** (ca. 45 g)	abtropfen, beides darauf verteilen.
1 EL	**Kapern**	

Backen: ca. 20 Min. auf der untersten Rille des Ofens.

Keine kleinen Backbleche zur Hand? 1 ausgewallten Pizzateig (ca. 36 × 42 cm) entrollen, mit dem Backpapier auf ein Blech ziehen, Ränder etwas einrollen. Füllung darauf verteilen, backen wie oben.

Stück: 894 kcal, F 22 g, Kh 146 g, E 24 g

Käsewähen mit Zucchini

 20 Min. + 20 Min. backen   vegetarisch   laktosefrei

Für das Backblech gefüllte Teigtaschen
Ergibt 4 Stück
Hauptgericht für 2 Personen oder Vorspeise für 4

200 g	Zucchini	Ofen auf 220 Grad vorheizen.
1	roter Peperoncino	Zucchini in Scheiben schneiden, Peperoncino entkernen,
1 EL	Olivenöl	fein hacken, beides mit dem Öl mischen.
½	ausgewallter Kuchenteig (ca. 25 × 21 cm)	Mit dem Teig die Mulden des Blechs auslegen, dabei den Teig etwas auseinanderziehen. Käse und Eier verrühren, in die Mulden verteilen. Schablone andrücken und Teig damit ausschneiden. Schablone und
80 g	geriebener Parmesan	überschüssigen Teig entfernen. Zucchini auf dem Guss
2	Eier	verteilen, Fleur de Sel darüberstreuen.
¼ TL	Fleur de Sel	
1 Bund	Basilikum	**Backen:** ca. 20 Min. auf der untersten Rille auf dem
2 EL	Olivenöl	Backofengitter des Ofens. Herausnehmen, Basilikum
½ EL	Aceto balsamico bianco	fein schneiden, mit Öl und Aceto mischen, würzen, über die Wähen träufeln.
	Salz, Pfeffer, nach Bedarf	

Ohne das Backblech gefüllte Teigtaschen zubereiten: 1 Kuchenteig in der Backschale (ca. 140 g) verwenden, Füllung darin verteilen. Die Backzeit verlängert sich um 5–10 Minuten.

Stück: 356 kcal, F 26 g, Kh 18 g, E 14 g

Den restlichen Teig können Sie in Backpapier einrollen, in Folie einpacken und bis zu 2 Monate tiefkühlen.

Käsewähe mit Cervelat

⏱ 15 Min. + 35 Min. backen

Für ein Wähenblech von ca. 28 cm Ø

1	**ausgewallter Kuchenteig** (ca. 32 cm Ø)	Ofen auf 220 Grad vorheizen. Teig entrollen, mit dem Backpapier ins Blech legen. Boden mit einer Gabel dicht einstechen.
1 Bund	**Petersilie**	Petersilie fein schneiden, mit dem Käse und dem Mehl mischen, auf dem Teigboden verteilen. Milch und Eier verrühren, würzen, über den Käse giessen. Cervelats schälen, in Scheiben schneiden, auf der Wähe verteilen.
250 g	**geriebener Käse** (z. B. Käsekuchenmischung)	
1 EL	**Mehl**	
4 dl	**Milch**	
2	**Eier**	
wenig	**Muskat**	
¼ TL	**Salz**	
wenig	**Pfeffer**	
2	**Cervelats**	
		Backen: ca. 35 Min. auf der untersten Rille des Ofens.

Portion (¼): 768 kcal, F 54 g, Kh 35 g, E 35 g

Spinatwähe mit Frischkäse

⏱ 10 Min. + 35 Min. backen   🥕 vegetarisch

Für ein Wähenblech von ca. 28 cm Ø

1	**Zwiebel**	Ofen auf 220 Grad vorheizen.
1	**Knoblauchzehe**	Zwiebel und Knoblauch schälen, fein hacken, in eine
1 kg	**tiefgekühlter**	Schüssel geben, Spinat gut ausdrücken, beigeben,
	Blattspinat, aufgetaut	mischen, salzen.
½ TL	**Salz**	
1	**ausgewallter**	Teig entrollen, mit dem Backpapier ins Blech legen.
	Dinkel-Kuchenteig	Boden mit einer Gabel dicht einstechen. Paniermehl
	(ca. 32 cm Ø)	darüberstreuen, Spinat darauf verteilen.
3 EL	**Paniermehl**	
1 dl	**Rahm**	Rahm und Eier verrühren, würzen, über den Spinat
4	**Eier**	giessen, Käse daraufleger.
½ TL	**Salz**	
wenig	**Pfeffer**	
160 g	**Frischkäse**	
	(z. B. 6 Gala-Käsli)	

Backen: ca. 35 Min. auf der untersten Rille des Ofens.

Portion (¼): 631 kcal, F 43 g, Kh 36 g, E 22 g

Variante

Die Gala-Käsli können Sie auch durch Brie oder Ziegenfrischkäse, in Stücken, ersetzen.

Die Lösung für 2!

Wähen sind oft zu gross für einen kleinen Haushalt. Das Backblech gefüllte Teigtaschen bietet hier die ideale Lösung.

204 Gefüllt

Alternative

Wenn Sie kein Backblech gefüllte Teigtaschen besitzen, können Sie einen Blätterteig in der Backschale verwenden. Die Backzeit verlängert sich um 5–10 Minuten.

Rezept →

Peperoni-Feta-Wähen

⏱ 25 Min. + 20 Min. backen   🥕 vegetarisch

Für das Backblech gefüllte Teigtaschen
Ergibt 4 Stück
Hauptgericht für 2 Personen oder Vorspeise für 4

1	gelbe Peperoni	Ofen auf 220 Grad vorheizen.
1	rote Peperoni	Peperoni entkernen, Tomaten abtropfen, beides in feine
4	Dörrtomaten in Öl	Streifen schneiden, in eine Schüssel geben. Oregano
½ Bund	Oregano	fein schneiden, mit dem Mehl daruntermischen, würzen.
½ EL	Mehl	
¼ TL	Salz	
wenig	Pfeffer	
½	ausgewallter Blätterteig (ca. 25 × 21 cm)	Mit dem Teig die Mulden des Blechs auslegen, dabei den Teig etwas auseinanderziehen. Peperonimischung darin verteilen. Schablone andrücken und Teig damit ausschneiden. Schablone und überschüssigen Teig entfernen. Feta in Würfeli schneiden, auf der Füllung verteilen. Eier und Rahm gut verrühren, salzen, über die Füllung giessen.
80 g	Feta	
2	Eier	
½ dl	Rahm	
¼ TL	Salz	
		Backen: ca. 20 Min. auf der untersten Rille auf dem Backofengitter des Ofens.

Ohne das Backblech gefüllte Teigtaschen zubereiten: 1 Blätterteig in der Backschale (ca. 130 g) verwenden, Füllung darin verteilen. Die Backzeit verlängert sich um 5–10 Minuten.

Stück: 314 kcal, F 21 g, Kh 20 g, E 10 g

Restenretter-Tipp

Den restlichen Teig können Sie in Backpapier einrollen, in Folie einpacken und bis zu 2 Monate tiefkühlen.

Randenwähe

⏱ 20 Min. + 30 Min. backen   vegetarisch

Für ein Wähenblech von ca. 28 cm Ø

1	**ausgewallter Pizzateig** (z. B. Rustico, ca. 28 cm Ø) **Mehl** zum Bestäuben	Ofen auf 220 Grad vorheizen. Teig entrollen, mit wenig Mehl bestäuben, etwas grösser auswallen (ca. 32 cm Ø), mit dem Backpapier ins Blech legen. Boden mit einer Gabel dicht einstechen.
280 g **1 dl** **2** **1 EL** **½ TL** **wenig**	**Frischkäse mit Meerrettich** **Milch** **Eier** **Mehl** **Salz** **Pfeffer**	Frischkäse mit der Milch glatt rühren, Eier und Mehl darunterrühren, würzen, auf den Teigboden giessen.
700 g	**gekochte Randen**	Randen schälen, in Schnitze schneiden, in den Guss legen.
50 g	**Haselnüsse**	**Backen:** ca. 20 Min. auf der untersten Rille des Ofens. Herausnehmen, Nüsse grob hacken darüberstreuen.
½ TL	**Fleur de Sel**	**Fertig backen:** ca. 10 Min. Herausnehmen, Fleur de Sel darüberstreuen.

Portion (¼): 609 kcal, F 37 g, Kh 48 g, E 18 g

Salat aus jungen Randenblättern zur Wähe servieren.

Hackfleischwähe mit Apfelschnitzen

🕐 30 Min. + 30 Min. backen

Für ein Wähenblech von ca. 28 cm Ø

300 g	**Rüebli**	Ofen auf 220 Grad vorheizen.
1	**Zwiebel**	Rüebli schälen, grob reiben. Zwiebel schälen, grob hacken.
	Bratbutter zum Anbraten	Wenig Bratbutter in einer Bratpfanne heiss werden lassen. Hackfleisch ca. 3 Min. anbraten, herausnehmen.
300 g	**Hackfleisch** (Rind)	Bratfett auftupfen. Wenig Bratbutter in dieselbe
¼ TL	**Cayennepfeffer**	Pfanne geben, Rüebli und Zwiebel ca. 3 Min. anbraten,
1 TL	**Salz**	zum Hackfleisch geben, mischen, würzen.
1	**ausgewallter Blätterteig** (ca. 32 cm Ø)	Teig entrollen, mit dem Backpapier ins Blech legen. Boden mit einer Gabel dicht einstechen. Füllung darauf verteilen.
1 dl	**Milch**	Milch und Eier verrühren, Petersilie grob schneiden,
4	**Eier**	beigeben, salzen, über die Füllung giessen. Apfel in
1 Bund	**glattblättrige Petersilie**	Schnitze schneiden, entkernen, auf der Wähe verteilen. Käse grob reiben, darüberstreuen.
½ TL	**Salz**	
1	**rotschaliger Apfel**	
80 g	**rezenter Gruyère**	
		Backen: ca. 30 Min. auf der untersten Rille des Ofens.

Portion (¼): 646 kcal, F 42 g, Kh 33 g, E 31 g

Variante ohne Früchte

Ersetzen Sie den Apfel durch 2–3 Snack-Peperoni, in Vierteln.

Teig zuschneiden

Mit dem Formenrand einen Kreis in den Teig drücken, Kreis ausschneiden. Restlichen Teig gerade, dann in 3 Streifen schneiden.

Form auslegen

Kreis in die Form legen, Streifen mit der Unterseite nach aussen an den Rand legen, gut andrücken. Tipp: Die Unterseite der Streifen haftet besser am Formenrand.

Rezept →

Kürbis-Quiche

⏱ 30 Min. + 50 Min. backen   vegetarisch

Für eine Springform von ca. 24 cm Ø, Boden mit Backpapier belegt, Rand gefettet

1	ausgewallter Kuchenteig (ca. 25 × 42 cm)	Ofen auf 200 Grad vorheizen. Teig entrollen, mithilfe der Formoberseite möglichst nahe am Teigrand einen Kreis eindrücken, ausschneiden, Rondelle auf den vorbereiteten Formenboden legen. Restlichen Teig gerade schneiden, dann in 3 ca. 6 cm breite Streifen schneiden. Teigstreifen an den Formenrand legen (siehe S. 212), gut andrücken, überlappenden Teig abschneiden. Boden mit einer Gabel dicht einstechen. Paniermehl auf dem Boden verteilen, kühl stellen.
2 EL	Paniermehl	
800 g	Kürbis (z. B. Muscade)	Kürbis schälen, an der Röstiraffel in eine Schüssel reiben. Rosmarin fein schneiden, Feta in Würfeli schneiden, beides mit dem Mehl unter den Kürbis mischen, auf dem Paniermehl verteilen.
2	Zweiglein Rosmarin	
200 g	Feta	
2 EL	Mehl	
2 dl	Milch	Milch und Eier verrühren, würzen, über den Kürbis giessen.
5	Eier	
¼ TL	Zimt	
1¼ TL	Salz	
wenig	Pfeffer	
		Backen: ca. 50 Min. auf der untersten Rille des Ofens.

Portion (¼): 636 kcal, F 37 g, Kh 49 g, E 25 g

Streusel-Tipp

Die Teigresten können Sie in kleine Stücke schneiden, in einer beschichteten Bratpfanne ohne Fett goldbraun braten und als Streusel über einen Salat streuen oder einfach so knabbern, schmeckt toll!

Flammkuchen-Wähen

 15 Min. + 20 Min. backen

Für das Backblech gefüllte Teigtaschen
Ergibt 4 Stück
Hauptgericht für 2 Personen oder Vorspeise für 4

½	**ausgewallter Kuchenteig** (ca. 25 × 21 cm)	Ofen auf 220 Grad vorheizen. Mit dem Teig die Mulden des Blechs auslegen, dabei den Teig etwas auseinanderziehen.
200 g 1 wenig 1 80 g 1 EL	**Crème fraîche** **Ei** **Pfeffer** **rote Zwiebel** **Speckwürfeli** **Olivenöl**	Crème fraîche und Ei verrühren, würzen, in die Mulden verteilen. Schablone andrücken und Teig damit ausschneiden. Schablone und überschüssigen Teig entfernen. Zwiebel schälen, in Ringe schneiden, mit dem Speck und dem Öl mischen, auf dem Guss verteilen.
		Backen: ca. 20 Min. auf der untersten Rille auf dem Backofengitter des Ofens.

Ohne das Backblech gefüllte Teigtaschen zubereiten: 1 Kuchenteig in der Backschale (ca. 140 g) verwenden, Guss und Füllung darin verteilen. Die Backzeit verlängert sich um ca. 5 Minuten.

Stück: 424 kcal, F 35 g, Kh 19 g, E 9 g

Den restlichen Teig können Sie in Backpapier einrollen, in Folie einpacken und bis zu 2 Monate tiefkühlen.

Sauerkrautwähe mit Schweinswürstli

◷ 10 Min. + 35 Min. backen

Für ein Wähenblech von ca. 28 cm Ø

1	**ausgewallter Kuchenteig** (ca. 32 cm Ø)	Ofen auf 220 Grad vorheizen. Teig entrollen, mit dem Backpapier ins Blech legen. Boden mit einer Gabel dicht einstechen.
500 g 2 dl 2 1 EL ¼ TL wenig 50 g 6	**gekochtes Sauerkraut** **Milch** **Eier** **Mehl** **Salz** **Pfeffer** **geriebener Gruyère** **Schweinswürstli** (ca. 360 g)	Sauerkraut gut ausdrücken, auf dem Teigboden verteilen. Milch, Eier und Mehl gut verrühren, würzen, darübergiessen, Käse darüberstreuen. Würstli mit einem spitzen Messer je einmal einstechen, auf die Wähe legen.
		Backen: ca. 35 Min. auf der untersten Rille des Ofens.

Portion (¼): 628 kcal, F 40 g, Kh 34 g, E 31 g

Crostata formen

Streifen mit Ei bestreichen, immer 2 aufeinander ringsum auf den Teigboden legen.

Rezept →

Käsewähe mit Birnen

⏱ 30 Min. + 30 Min. backen   🥕 vegetarisch

500 g	Blätterteig	Ofen auf 220 Grad vorheizen.
wenig	Mehl	Vom Teig längs ⅓ abschneiden, beiseite legen (siehe S. 220). Restlichen Teig auf wenig Mehl zu einem Rechteck von ca. 22 × 30 cm auswallen, auf ein mit Backpapier belegtes Blech legen. Beiseite gelegten Teig auf wenig Mehl zu einem langen Rechteck von ca. 8 × 48 cm auswallen, längs in 4 Streifen schneiden. Teigstreifen so durchschneiden, dass je 4 Streifen von 18 cm und 30 cm entstehen.
1	Ei	Ei verklopfen, Teigrand damit bestreichen. Je 2 lange und zwei kürzere Teigstreifen auf den Teigrand legen, mit Ei bestreichen, restliche Teigstreifen darauflegen, mit Ei bestreichen (siehe S. 221). Boden mit einer Gabel sehr dicht einstechen.
300 g 2 40 g	Gorgonzola Birnen Baumnusskerne	Käse in Stücke schneiden, auf dem Teigboden verteilen. Birnen in Schnitze schneiden, entkernen, auf der Wähe verteilen. Baumnusskerne grob hacken, darüberstreuen.
		Backen: ca. 30 Min. in der unteren Hälfte des Ofens.

Portion (¼): 861 kcal, F 62 g, Kh 50 g, E 24 g

Statt Gorgonzola können Sie auch Brie, Camembert oder Tomme verwenden.

Käse-Quiche

⏱ 15 Min. + 45 Min. backen

Für eine Springform von ca. 24 cm Ø

1	**ausgewallter Dinkel-Kuchenteig** (ca. 32 cm Ø)	Ofen auf 200 Grad vorheizen. Teig entrollen, mit dem Backpapier in die Form legen. Rand gut andrücken, Boden mit einer Gabel dicht einstechen.
2	**Zweiglein Rosmarin**	Rosmarin fein schneiden. Dörrtomaten abtropfen, in Streifen schneiden, beides mit dem Käse, dem Speck und dem Mehl mischen, auf dem Teigboden verteilen. Zwiebeln schälen, in Schnitze schneiden, auf dem Käse verteilen. Milch und Eier verrühren, würzen, darübergiessen.
4	**getrocknete Tomaten in Öl**	
250 g	**geriebener Käse** (z. B. Käsekuchenmischung)	
80 g	**Speckwürfeli**	
2 EL	**Mehl**	
2	**rote Zwiebeln**	
4 dl	**Milch**	
2	**Eier**	
½ TL	**Salz**	
wenig	**Muskat**	
wenig	**Pfeffer**	
		Backen: ca. 45 Min. auf der untersten Rille des Ofens. Herausnehmen, ca. 10 Min. ruhen lassen.

Portion (¼): 720 kcal, F 48 g, Kh 37 g, E 33 g

Überbacken

Sie werden staunen, womit wir Sie in diesem Kapitel überraschen. Natürlich dürfen hier Käseschnitten nicht fehlen, aber wir überbacken auch Piadine, Tortillas und…

Flammkuchen-Toasts

 15 Min. + 10 Min. backen

Ergibt 12 Stück

12	Scheiben Toastbrot	Ofen auf 220 Grad vorheizen.
200 g	Crème fraîche	Brote auf ein Backblech legen, mit Crème fraîche bestreichen.
2	Bundzwiebeln mit dem Grün	Bundzwiebeln in feine Ringe schneiden, mit dem Speck auf den Broten verteilen, würzen.
12	Tranchen Bratspeck	
wenig	Pfeffer	
		Backen: ca. 10 Min. in der Mitte des Ofens.
1 EL	grobkörniger Senf	Senf, Essig und Öl in einer Schüssel verrühren, würzen.
2 EL	Weissweinessig	Rüebli längs in feine Scheiben schneiden, mit dem Rucola beigeben, mischen, mit den Toasts anrichten.
4 EL	Olivenöl	
¼ TL	Salz	
wenig	Pfeffer	
200 g	Bundrüebli mit wenig Grün	
100 g	Rucola	

Portion (¼): 684 kcal, F 51 g, Kh 41 g, E 14 g

Wurstweggli

⏱ 20 Min. + 15 Min. backen

Ergibt 8 Stück

2	**Bundzwiebeln mit dem Grün**	Ofen auf 220 Grad vorheizen. Bundzwiebeln in feine Ringe schneiden, wenig Grün beiseite stellen, Rest mit den Erbsli in eine Schüssel geben. Bratwürste längs aufschneiden, Brät herauslösen, beigeben, gut mischen.
200 g	**tiefgekühlte Erbsli,** aufgetaut	
4	**rohe Schweinsbratwürste** (ca. 520 g)	
4	**Weggli**	Weggli aufschneiden, Brät darauf verteilen, auf ein Backblech legen.
wenig	**Edelsüss-Paprika**	**Backen:** ca. 15 Min. in der Mitte des Ofens. Herausnehmen, beiseite gestelltes Zwiebelgrün und Paprika über die Wurst-Weggli streuen.

Portion (¼): 598 kcal, F 34 g, Kh 42 g, E 32 g

Servieren Sie Senf dazu.

Aroma-Tipp

Reiben Sie Zitronen- oder Orangenschale von Bio-Früchten über den Spinat. Auch Knoblauchscheiben, darüber verteilt, passen gut.

Rezept →

Maxi-Toast mit Lachs und Spinat

⏱ 20 Min. + 10 Min. backen

12	Scheiben Toastbrot	Ofen auf 220 Grad vorheizen.
1	Zwiebel	Brote dicht nebeneinander auf ein mit Backpapier
150 g	Jungspinat	belegtes Blech legen, sodass ein grosses Rechteck ent-
1 EL	Olivenöl	steht. Zwiebel schälen, in feine Ringe schneiden,
¼ TL	Salz	mit dem Spinat, Öl, Salz und Pfeffer mischen, auf den
wenig	Pfeffer	Broten verteilen.
250 g	Mascarpone	**Backen:** ca. 10 Min. in der unteren Hälfte des Ofens.
100 g	Ajvar (siehe Hinweis)	Herausnehmen, Mascarpone und Ajvar verrühren,
100 g	geräucherter Lachs in Tranchen	mit dem Lachs und den Kapernäpfeln auf dem Maxi-Toast verteilen, würzen.
30 g	Kapernäpfel	
wenig	Pfeffer	

Portion (¼): 619 kcal, F 53 g, Kh 44 g, E 18 g

Ajvar ist eine traditionelle Würzpaste aus Peperoni, die ihren Ursprung im Balkan hat. Sie ist in grösseren Coop Supermärkten erhältlich.

Spargel-Panini mit Ei

⏱ 20 Min. + 20 Min. backen   🥕 vegetarisch

Ergibt 12 Stück

6	**Frischback-Panini** (je ca. 60 g)	Ofen auf 220 Grad vorheizen. Panini aufschneiden, auf ein mit Backpapier belegtes Blech legen.
500 g 1 Bund 200 g 1 EL 1 EL ½ TL wenig	**grüne Spargeln** **Schnittlauch** **Hüttenkäse nature** **Olivenöl** **grobkörniger Senf** **Salz** **Pfeffer**	Von den Spargeln unteres Drittel schälen. Spargeln in feine Scheiben schneiden, in eine Schüssel geben. Schnittlauch fein schneiden, beigeben, Hüttenkäse, Öl und Senf daruntermischen, würzen, auf den Panini verteilen.
4	**hart gekochte Eier**	**Backen:** ca. 20 Min. in der Mitte des Ofens. Herausnehmen. Eier schälen, in Scheiben schneiden, auf den Panini verteilen.

Portion (¼): 447 kcal, F 12 g, Kh 57 g, E 27 g

Toasts mit Tomme und Randen-Hummus

⏱ 5 Min. + 10 Min. backen   🥕 vegetarisch

Ergibt 4 Stück

8	**Scheiben Toastbrot**	Ofen auf 200 Grad vorheizen.
1 Päckli	**Randen-Hummus** (ca. 175 g)	Die Hälfte der Brote mit Hummus bestreichen, auf ein Backblech legen. Je einen Käse und Johannisbeeren
4	**Tommes** (je ca. 100 g)	darauflegen. Restliche Brote daneben aufs Blech legen.
100 g	**Johannisbeeren**	
2 EL	**flüssiger Honig**	**Backen:** 10–15 Min. in der Mitte des Ofens. Herausnehmen, Honig über den Käse träufeln, anrichten.

Stück: 597 kcal, F 36 g, Kh 37 g, E 29 g

Caprese-Schnitten

⏱ 10 Min. + 15 Min. backen   vegetarisch

Ergibt 4 Stück

1 EL	Olivenöl	Ofen auf 220 Grad vorheizen.
4	Scheiben Bauernbrot	Öl über die Brote träufeln, Knoblauch halbieren,
	(je ca. 100 g)	Brote damit einreiben. Tapenade und Tomatenpüree
1	Knoblauchzehe	mischen, auf den Broten verteilen, auf ein mit Back-
50 g	Tomaten-Tapenade	papier belegtes Blech legen. Tomaten und Mozzarella
50 g	Tomatenpüree	in Scheiben schneiden, Brote damit belegen.
2	**Tomaten** (ca. 300 g)	
300 g	Mozzarella	
½ TL	Fleur de Sel	**Backen:** ca. 15 Min. in der Mitte des Ofens. Heraus-
wenig	Pfeffer	nehmen, würzen. Basilikumblätter abzupfen, über die
2	Zweiglein Basilikum	Schnitten streuen, Öl und Crema di Balsamico dar-
1 EL	Olivenöl	überträufeln.
1 EL	Crema di Balsamico	

Stück: 557 kcal, F 26 g, Kh 53 g, E 25 g

Apéro-Tipp

Verwenden Sie 12 kleine Weizentortilla-Schalen (soft) für ein leckeres Fingerfood.

Rezept →

Poulet-Peperoni-Tortillas

⏱ 25 Min. + 20 Min. backen   schlank   laktosefrei

Für eine weite ofenfeste Form von ca. 3 Litern
Ergibt 8 Stück

750 g	rote und gelbe Peperoni	Ofen auf 200 Grad vorheizen. Peperoni entkernen, in feine Streifen schneiden, in eine Schüssel geben. Cheddar an der Röstiraffel dazureiben. Mehl daruntermischen, salzen. Mischung in die Tortilla-Schalen füllen, in die Form stellen.
150 g	Cheddar	
1½ EL	Mehl	
¾ TL	Salz	
8	Weizentortilla-Schalen (soft, ca. 190 g)	
350 g	Pouletbrustwürfel	Poulet, Öl, Salz und Sambal Oelek mischen, auf der Füllung verteilen.
½ EL	Olivenöl	
¼ TL	Salz	
2 TL	Sambal Oelek	
		Backen: ca. 20 Min. auf der untersten Rille des Ofens.
1	kleine rote Zwiebel	Zwiebel schälen, fein hacken, in eine Schüssel geben. Avocado entkernen, Fruchtfleisch aus der Schale lösen, mit Limettensaft und Salz beigeben, mit einer Gabel zerdrücken. Korianderblättchen abzupfen, über die Tortilla-Schalen streuen, mit der Guacamole anrichten.
1	Avocado	
2 TL	Limettensaft	
¼ TL	Salz	
½ Bund	Koriander	

Portion (¼): 532 kcal, F 24 g, Kh 39 g, E 37 g

Tipp

Servieren Sie Jalapeños aus dem Glas und Crème fraîche zu den Poulet-Peperoni-Tortillas.

Salami-Piadine

 5 Min. + 10 Min. backen

Ergibt 8 Stück

8	Piadine	Ofen auf 220 Grad vorheizen (Heissluft). Piadine halbieren, die Hälfte beiseite legen. Die andere Hälfte mit dem Pesto bestreichen, auf zwei mit Backpapier belegte Bleche legen. Tomaten in Scheiben schneiden, Mozzarella zerzupfen, beides mit der Salami auf den bestrichenen Piadine verteilen.
8 EL	Pesto Genovese	
4	Tomaten	
150 g	Mozzarella	
150 g	Salami in Tranchen	
		Backen: ca. 5 Min. im Ofen. Herausnehmen, beiseite gelegte Piadine darauflegen.
100 g	Rucola	**Fertig backen:** ca. 5 Min. Herausnehmen, mit Rucola anrichten.

Portion (¼): 935 kcal, F 47 g, Kh 86 g, E 36 g

Zucchini-Pitta

⏱ 20 Min. + 20 Min. backen   🌱 vegetarisch   🥛 laktosefrei

Ergibt 12 Stück

6	Frischback-Pitta-Brote	Ofen auf 180 Grad vorheizen (Heissluft). Brote aufschneiden, mit der Schnittfläche nach oben auf zwei Backbleche legen.
700 g	Zucchini	Zucchini in ca. 2 mm dicken Scheiben in eine Schüssel hobeln. Knoblauch dazupressen. Käse und Öl daruntermischen, würzen, auf den Broten verteilen.
1	Knoblauchzehe	
120 g	geriebener Gruyère	
1 EL	Olivenöl	
½ TL	Salz	
wenig	Pfeffer	
		Backen: ca. 20 Minuten.
6	gekochte Eier	Eier schälen, fein hacken, mit den Micro Greens auf den Toasts verteilen. Aceto und Öl verrühren, würzen, Toasts damit beträufeln.
30 g	Micro Greens	
1 EL	Aceto balsamico bianco	
2 EL	Olivenöl	
	Salz, Pfeffer, nach Bedarf	

Portion (¼): 600 kcal, F 27 g, Kh 57 g, E 60 g

Tortillas mit Rindfleisch

⏱ 25 Min. + 5 Min. backen   laktosefrei

Ergibt 8 Stück

1 Dose	**Cannellini-Bohnen** (ca. 400 g)	Ofen auf 220 Grad vorheizen (Heissluft). Bohnen abspülen, abtropfen, in eine Schüssel geben. Von der Orange wenig Schale dazureiben, Orange schälen, in Würfeli schneiden, beiseite stellen. Bohnen mit einer Gabel etwas zerdrücken. Stangensellerie fein hacken, daruntermischen, salzen, auf den Tortillas verteilen, auf zwei Backbleche legen.
1	**Bio-Orange**	
200 g	**Stangensellerie**	
¼ TL	**Salz**	
8	**Weizentortillas** (super soft)	
500 g	**Rindshuft**	Fleisch in ca. 1 cm breite Streifen schneiden, mit Öl, Cayennepfeffer und Kreuzkümmel mischen, auf der Bohnenmasse verteilen.
2 EL	**geröstetes Sesamöl**	
¼ TL	**Cayennepfeffer**	
¼ TL	**Kreuzkümmelpulver**	
		Backen: 5–8 Minuten.
1	**Granatapfel**	Granatapfelkerne auslösen, in eine kleine Schüssel geben, salzen. Beiseite gestellte Orangenwürfeli, Aceto, Öl und Cayennepfeffer beigeben, mischen. Korianderblättchen abzupfen, mit dem Fleur de Sel über die Tortillas streuen, mit der Granatapfel-Salsa anrichten.
¼ TL	**Fleur de Sel**	
2 EL	**Aceto balsamico bianco**	
2 EL	**geröstetes Sesamöl**	
1 Msp.	**Cayennepfeffer**	
1 Bund	**Koriander**	
½ TL	**Fleur de Sel**	

Portion (¼): 733 kcal, F 24 g, Kh 85 g, E 43 g

Fiesta mexicana

Statt Mais passen auch rote Bohnen. Jalapeños bringen Pfiff in Ihre Tortillas. Servieren Sie Crème fraîche dazu.

Rezept →

Tortillas mit Mais

⏱ 10 Min. + 7 Min. backen   🥕 vegetarisch   🏋 schlank   🥛 laktosefrei

Ergibt 8 Stück

250 g	**Cherry-Tomaten**	Ofen auf 200 Grad vorheizen (Heissluft). Tomaten halbieren, in eine Schüssel geben. Käse an der Röstiraffel dazureiben. Mais abspülen, abtropfen, mit dem Curry daruntermischen, salzen. Mischung auf der einen Hälfte der Tortillas verteilen, Tortillas falten, auf zwei mit Backpapier belegte Bleche legen (siehe S. 252).
200 g	**rezenter Appenzeller**	
1 Dose	**Maiskörner** (ca. 340 g)	
1 EL	**milder Curry**	
½ TL	**Salz**	
8	**Maistortillas** (z. B corn & wheat)	
		Backen: ca. 7 Minuten.

Portion (¼): 488 kcal, F 20 g, Kh 54 g, E 18 g

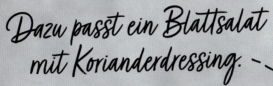
Dazu passt ein Blattsalat mit Korianderdressing.

Raclette-Brezel

 15 Min. + 10 Min. backen   laktosefrei

Ergibt 4 Stück

4	**Laugenbrezel** (je ca. 120 g)	Ofen auf 200 Grad vorheizen (Heissluft). Brezel aufschneiden, auf zwei mit Backpapier belegte Bleche legen. Wein über die Schnittflächen träufeln. Schinken und Käse auf den Brezelböden verteilen.
4 EL	**Weisswein**	
200 g	**Hinterschinken**	
400 g	**Raclettekäse in Scheiben**	
1	**Schalotte**	**Backen:** ca. 10 Min. Herausnehmen, Deckel auf die Brezel setzen. Schalotte schälen, fein hacken, Gurken in Würfeli schneiden, Petersilie fein schneiden, alles mischen, zu den Brezeln servieren.
100 g	**Essiggurken**	
½ Bund	**glattblättrige Petersilie**	

Stück: 760 kcal, F 35 g, Kh 60 g, E 48 g

Käseschnitten mit Röstzwiebeln

⏱ 20 Min. + 10 Min. backen   🥕 vegetarisch   🥛 laktosefrei

Ergibt 8 Stück

8	**Scheiben Brot** (je ca. 50 g)	Ofen auf 220 Grad vorheizen. Brote auf ein mit Backpapier belegtes Blech legen, Bier darüberträufeln.
4 EL	**helles Bier**	
600 g	**Fonduemischung** (Moitié-Moitié)	Käse und Maizena in einer Schüssel mischen. Senf, Bier und Kümmel beigeben, Knoblauch dazupressen, mischen. Masse auf den Broten verteilen.
1 TL	**Maizena**	
2 EL	**süsser grobkörniger Senf**	
4 EL	**helles Bier**	
¼ TL	**Kümmel,** nach Belieben	
1	**Knoblauchzehe**	
1	**Zwiebel**	Zwiebel schälen, in feine Ringe hobeln, mit Mehl und Paprika mischen, auf der Käsemasse verteilen.
1 EL	**Mehl**	
1 TL	**milder Paprika**	
		Backen: ca. 10 Min. in der oberen Hälfte des Ofens.

Portion (¼): 854 kcal, F 46 g, Kh 50 g, E 52 g

Ein Kabissalat harmoniert perfekt mit den Käseschnitten.

Rüebli-Pitta mit Garam Masala

 20 Min. + 20 Min. backen   vegetarisch

Für eine weite ofenfeste Form von ca. 2 Litern
Ergibt 12 Stück

6	Frischback-Pitta-Brote	Ofen auf 200 Grad vorheizen. Brote halbieren, je eine Tasche zum Füllen einschneiden.
400 g	Rüebli	Rüebli schälen, mit dem Sparschäler dünne Streifen abschälen, in eine Schüssel geben. Schnittlauch fein schneiden, beigeben. Käse, Öl und Garam Masala daruntermischen, salzen. Masse in die Brote füllen, in die Form stellen.
1 Bund	Schnittlauch	
400 g	Hüttenkäse nature	
50 g	geriebener Sbrinz	
1 EL	Olivenöl	
1 EL	Garam Masala (indische Gewürzmischung) oder 2 TL milder Curry	
½ TL	Salz	
20 g	Kresse	**Backen:** ca. 20 Min. in der Mitte des Ofens. Herausnehmen, Kresse auf den Pittas verteilen.

Portion (¼): 465 kcal, F 12 g, Kh 60 g, E 27 g

Croque Monsieur

⏱ 10 Min. + 10 Min. backen 🎽 schlank

Ergibt 4 Stück

300 g **Hartkäse** (z. B. Gruyère und Emmentaler) **2** **Zweiglein Rosmarin** **8** **Scheiben Toastbrot** **4** **Tranchen Schinken**	Ofen auf 220 Grad vorheizen. Käse an der Röstiraffel in eine Schüssel reiben. Rosmarin fein schneiden, daruntermischen. Die Hälfte der Brote auf ein mit Backpapier belegtes Blech legen, die Hälfte des Käses darauf verteilen. Schinken aufrollen, je eine Schinkenrolle auf den Käse legen, restlichen Käse darauf verteilen. Restliche Brotscheiben darauflegen.
	Backen: ca. 10 Min. in der Mitte des Ofens.

Stück: 497 kcal, F 30 g, Kh 23 g, E 32 g

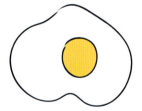

Croque Madame

Belegen Sie den Croque Monsieur
mit einem Spiegelei – et voilà,
Sie servieren einen Croque Madame.

Teige

Natürlich können Sie für Pizza,
Flammkuchen, Wähen & Co. den Teig
auch selber machen. Wir haben
die passenden Rezepte für Sie zusammen-
gestellt, auch ein Vollkornteig ist dabei.

Pizzateig

⏱ 15 Min. + 1½ Std. aufgehen lassen 🌱 vegan 🥛 laktosefrei

Ergibt ca. 690 g Teig
Für ein rechteckiges Backblech oder 2 Backbleche von ca. 30 cm Ø

400 g	**Mehl**	Mehl und Salz in einer Schüssel mischen, Hefe zerbröckeln, daruntermischen. Wasser und Öl dazugiessen, zu einem weichen, glatten Teig kneten. Zugedeckt bei Raumtemperatur ca. 1½ Std. aufs Doppelte aufgehen lassen.
1½ TL	**Salz**	
¼	**Würfel Hefe** (ca. 10 g)	
2½ dl	**Wasser**	
2 EL	**Olivenöl**	

100 g: 230 kcal, F 4 g, Kh 41 g, E 7 g

Lässt sich vorbereiten

Doppelte Menge Teig zubereiten, auf Backpapier auswallen, aufrollen, in Folie eingepackt tiefkühlen. <u>Haltbarkeit:</u> ca. 2 Monate.

Flammkuchenteig

⏱ 10 Min. + 30 Min. ruhen lassen   🌱 vegan   🥛 laktosefrei

Ergibt ca. 580 g Teig
Für zwei rechteckige Flammkuchen

350 g	Mehl	Mehl und Salz in einer Schüssel mischen. Wasser und Öl dazugiessen, mischen, zu einem weichen, glatten Teig kneten. Teig zu einer Kugel formen, zugedeckt bei Raumtemperatur ca. 30 Min. ruhen lassen.
1¼ TL	Salz	
2 dl	Wasser	
2 EL	Olivenöl	

100 g: 242 kcal, F 4 g, Kh 42 g, E 7 g

Lässt sich vorbereiten

Teig halbieren, dünn auswallen, auf je ein Backpapier legen, mit dem Backpapier aufrollen, in Folie eingepackt tiefkühlen. Haltbarkeit: ca. 2 Monate.

Kuchenteig

⏱ **10 Min. + 30 Min. kühl stellen** 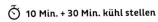 **vegetarisch**

Ergibt ca. 380 g Teig
Für ein Backblech von ca. 30 cm Ø

200 g Mehl **½ TL** Salz **75 g** **Butter,** kalt **1 dl** **Wasser**	Mehl und Salz in einer Schüssel mischen. Butter in Stücke schneiden, beigeben, von Hand zu einer gleichmässig krümeligen Masse verreiben. Wasser dazugiessen, rasch zu einem Teig zusammenfügen, nicht kneten. Teig flach drücken, zugedeckt ca. 30 Min. kühl stellen.

100 g: 329 kcal, F 17 g, Kh 17 g, E 6 g

Tipps

Der Kuchenteig eignet sich für alle Wähen, ob süss oder salzig. In Folie eingepackt, lässt sich der Teig ca. 2 Tage im Kühlschrank aufbewahren.

Vollkorn-Quark-Teig

 10 Min. + 30 Min. kühl stellen   vegetarisch

Ergibt ca. 420 g Teig
Für ein Backblech von ca. 30 cm Ø

200 g	**Vollkornmehl**	Mehl und Salz in einer Schüssel mischen, Butter in Stücke schneiden, beigeben, von Hand zu einer gleichmässig krümeligen Masse verreiben. Quark beigeben, rasch zu einem weichen Teig zusammenfügen, nicht kneten. Teig flach drücken, zugedeckt ca. 30 Min. kühl stellen.
½ TL	**Salz**	
75 g	**Butter,** kalt	
150 g	**Rahmquark**	

100 g: 351 kcal, F 22 g, Kh 30 g, E 9 g

Rezept-verzeichnis

Damit Sie noch schneller finden,
was Sie suchen!

Rezeptverzeichnis

Alphabetisch

A

Apfelschnitzen, Hackfleischwähe mit 210
Artischocken, Focaccia mit 32
Asia-Gemüsefladen 42
Avocado-Flammkuchen 16

B

Basilikumöl, Tomatenplunder mit 12
Bastilla mit Poulet 90
Birnen, Käsewähe mit 222
Blätterteig-Pizza mit Schinken 18
Blumen, Spargel- 128
Börek mit Hackfleisch und Krautstiel 134
Börek, Käse- 132
Brezel, Raclette- 256
Brezel, Schinken-Käse- 162
Broccolischnecken 148
Brot, Knoblauch-Kräuter- 154
Bündnerfleisch, Zucchinikissen mit 54
Burrata, Spargelwähen mit 184

C

Cake, Pizza- 100
Calzoni mit Schinken und Zucchini 80
Calzoni mit Wirz und Speck 118
Calzoni, Poulet- 72
Caprese-Fladen mit Himbeervinaigrette 38
Caprese-Schnitten 240
Carpaccio, Pizza mit 34
Cervelat im Teig mit Rettichsalat 152
Cervelat, Käsewähe mit 200
Chatschapuri 56
Cicorino-Fladen 60
Croque Monsieur 262

E

Ei, Spargel-Panini mit 236
Elsässer Flammkuchen 14
Empanadas mit Guacamole 82
Erbsli-Fladen 58

F

Fenchel-Päckli, Ricotta- 92
Fenchel-Poulet-Fladen 22
Feta und Tomaten, Flammkuchen mit 50
Feta, Pide mit Spinat und 26
Feta-Wähen, Peperoni- 206
Fladen mit Himbeervinaigrette, Caprese- 38
Fladen mit Ziegenkäse, Randen- 64
Fladen, Asia-Gemüse- 42
Fladen, Cicorino- 60
Fladen, Erbsli- 58
Fladen, Fenchel-Poulet- 22
Fladen, Kartoffel- 66
Flammkuchen mit Feigen, Kürbis- 68
Flammkuchen mit Feta und Tomaten 50
Flammkuchen, Avocado- 16
Flammkuchen, Elsässer 14
Flammkuchen, Frühlings- 8
Flammkuchen, Pilz- 40
Flammkuchen, Spargel- 6
Flammkuchen-Toasts 228
Flammkuchen-Wähen 216
Flammkuchenteig 268
Fleischkäse-Jalousie 74
Focaccia mit Artischocken 32
Fondue-Schnecken 170
Französische Zwiebelwähen 196
Frischkäse, Spinatwähe mit 202
Frühlingsrollen 130

Rezeptverzeichnis

G

Garam Masala, Rüebli-Pitta mit 260
Gemüsefladen, Asia- 42
Gemüse-Samosas 98
Georgisches Fladenbrot 56
Gipfel mit Pesto rosso, Mortadella- 168
Gipfel, Schinken- 140
Gipfeli, orientalische Lamm- 150
Gorgonzola, Pizza in bianco mit 48
Griechische Spinatpastete 88
Guacamole, Empanadas mit 82
Gurkensalat, Wienerli im Teig mit 110

H

Hackfleisch und Krautstiel, Börek mit 134
Hackfleischwähe mit Apfelschnitzen 210
Hackfleischwähen 192
Himbeervinaigrette, Caprese-Fladen mit 38

J

Jalousie, Fleischkäse- 74
Jalousie, Kürbis- 104

K

Kartoffelfladen 66
Kartoffelwähe niçoise 182
Käse-Börek 132
Käse-Brezel, Schinken- 162
Käse-Quiche 224
Käseschnitten mit Röstzwiebeln 258
Käsewähe mit Birnen 222
Käsewähe mit Cervelat 200
Käsewähen mi Zucchini 198
Kissen mit Bündnerfleisch, Zucchini- 54
Knoblauch-Kräuter-Brot 154
Kohlrabiwähe mit Speckwürfeli 180
Krapfen, Pilz- 112

Krautstiel, Börek mit Hackfleisch und 134
Kuchenteig 270
Kürbis, Landjägerschnecken mit 158
Kürbis-Flammkuchen mit Feigen 68
Kürbis-Jalousie 104
Kürbis-Quiche 214

L

Lachs und Spinat, Maxi-Toast mit 234
Lachspäckli 106
Lahmacun 24
Lammfleisch, Pide mit 30
Lammgipfeli, orientalische 150
Landjägerschnecken mit Kürbis 158
Laugenkranz mit Wurstfüllung 116

M

Mais, Tortillas mit 254
Mais-Strudel, Poulet- 124
Maxi-Toast mit Lachs und Spinat 234
Mortadella-Gipfel mit Pesto rosso 168

N

Niçoise, Kartoffelwähe 182

O

Orientalische Lammgipfeli 150
Orientalische Strudelpäckli 102

P

Päckli, Lachs- 106
Päckli, orientalische Strudel- 102
Päckli, Poulet-Spargel- 78
Päckli, Randen- 114
Päckli, Ricotta-Fenchel- 92
Päckli, Schinken- 94
Päckli, Zucchini- 84
Panini mit Ei, Spargel- 236

Peperoni-Feta-Wähen 206
Pesto rosso, Mortadella-Gipfel mit 168
Piadine, Salami- 246
Pide mit Lammfleisch 30
Pide mit Spinat und Feta 26
Pilz-Flammkuchen 40
Pilzkrapfen 112
Pissaladières 196
Pitta mit Garam Masala, Rüebli- 260
Pitta, Zucchini- 248
Pizza in bianco mit Gorgonzola 48
Pizza mit Carpaccio 34
Pizza mit gefüllten Spitzpeperoni 46
Pizza mit Schinken, Blätterteig- 18
Pizza-S 138
Pizza-Cake 100
Pizza-Schnecke 122
Pizzateig 266
Plunder mit Basilikumöl, Tomaten- 12
Poulet, Bastilla mit 90
Poulet-Calzoni 72
Poulet-Fladen, Fenchel- 22
Poulet-Mais-Strudel 124
Poulet-Peperoni-Tortillas 244
Poulet-Spargel-Päckli 78
Prussiens mit Speck, Spinat- 142

Q

Quark-Teig, Vollkorn- 272
Quiche, Käse- 224
Quiche, Kürbis- 214

R

Raclette-Brezel 256
Radiesli, Strudelwähe mit 174
Randen-Hummus, Toasts mit Tomme und 238
Randenfladen mit Ziegenkäse 64

Randenpäckli 114
Randenwähe 208
Rettichsalat, Cervelat im Teig mit 152
Ricotta-Fenchel-Päckli 92
Rindfleisch, Tortillas mit 250
Rolle, Thon- 144
Rollen, Frühlings- 130
Rolls, Sweet Potato 164
Röstzwiebeln, Käseschnitten mit 258
Rüebli-Pitta mit Garam Masala 260

S

S, Pizza- 138
Salami-Piadine 246
Samosas, Gemüse- 98
Sauerkrautwähe mit Schweinswürstli 218
Schinken und Zucchini, Calzoni mit 80
Schinken, Blätterteig-Pizza mit 18
Schinken-Käse-Brezel 162
Schinken-Päckli 94
Schinkengipfel 140
Schnecke, Pizza- 122
Schnecken mit Kürbis, Landjäger- 158
Schnecken, Broccoli- 148
Schnecken, Fondue- 170
Schnitten, Caprese- 240
Spanakopita 88
Spargel-Flammkuchen 6
Spargel-Päckli, Poulet- 78
Spargel-Panini mit Ei 236
Spargelblumen 128
Spargelwähen (mit Burrata) 184
Spargelwähen mit Zitronen-Ricotta 176
Speck, Calzoni mit Wirz und 118
Speckwürfeli, Kohlrabiwähe mit 180
Spinat und Feta, Pide mit 26
Spinat, Maxi-Toast mit Lachs und 234
Spinat-Prussiens mit Speck 142

Rezeptverzeichnis

Spinatpastete, griechische 88
Spinatwähe mit Frischkäse 202
Spitzpeperoni, Pizza mit gefüllten 46
Stern, Vacherin- 160
Strudel, Poulet-Mais- 124
Strudelpäckli, orientalische 102
Strudelwähe mit Radiesli 174
Sweet Potato Rolls 164

T

Teige
- Flammkuchenteig 268
- Kuchenteig 270
- Pizzateig 266
- Vollkorn-Quark-Teig 272

Thonrolle 144
Toast mit Lachs und Spinat, Maxi- 234
Toasts mit Tomme und Randen-Hummus 238
Toasts, Flammkuchen- 228
Tomaten, Flammkuchen mit Feta und 50
Tomatenplunder mit Basilikumöl 12
Tomatenwähe 188
Tortillas mit Mais 254
Tortillas mit Rindfleisch 250
Tortillas, Poulet-Peperoni- 244
Türkische Pizza 24

V

Vacherin-Stern 160

vegan
- Asia-Gemüsefladen 42
- Avocado-Flammkuchen 16
- Flammkuchenteig 268
- Frühlingsrollen 130
- Pilzkrapfen 112
- Pizza mit gefüllten Spitzpeperoni 46
- Pizzateig 266

vegetarisch
- Broccolischnecken 148
- Caprese-Fladen mit Himbeervinaigrette 38
- Caprese-Schnitten 240
- Chatschapuri 56
- Cicorino-Fladen 60
- Erbsli-Fladen 58
- Flammkuchen mit Feta und Tomaten 50
- Fondue-Schnecken 170
- Frühlings-Flammkuchen 8
- Gemüse-Samosa 98
- Griechische Spinatpastete 88
- Käse-Börek 132
- Käseschnitten mit Röstzwiebeln 258
- Käsewähe mit Birnen 222
- Käsewähen mit Zucchini 198
- Knoblauch-Kräuter-Brot 154
- Kuchenteig 270
- Kürbis-Jalousie 104
- Kürbis-Quiche 214
- Orientalische Strudelpäckli 102
- Peperoni-Feta-Wähen 206
- Pide mit Spinat und Feta 26
- Pilz-Flammkuchen 40
- Pizza in bianco mit Gorgonzola 48
- Pizza-S 138
- Pizza-Schnecke 122
- Randenfladen mit Ziegenkäse 64
- Randenpäckli 114
- Randenwähe 208
- Ricotta-Fenchel-Päckli 92
- Rüebli-Pitta mit Garam Masala 260
- Spanakopita 88
- Spargel-Flammkuchen 6
- Spargel-Panini mit Ei 236
- Spargelblumen 128

- Spargelwähe mit Zitronen-Ricotta 176
- Spargelwähen (mit Burrata) 184
- Spinatwähe mit Frischkäse 202
- Strudelwähe mit Radiesli 174
- Sweet Potato Rolls 164
- Toasts mit Tomme und Randen-Hummus 238
- Tomatenplunder mit Basilikumöl 12
- Tomatenwähe 188
- Tortillas mit Mais 254
- Vacherin-Stern 160
- Vollkorn-Quark-Teig 272
- Zucchini-Päckli 84
- Zucchini-Pitta 248

Vollkorn-Quark-Teig 272

W

Wähe mit Apfelschnitzen, Hackfleisch- 210
Wähe mit Birnen, Käse- 222
Wähe mit Cervelat, Käse- 200
Wähe mit Frischkäse, Spinat- 202
Wähe mit Radiesli, Strudel- 174
Wähe mit Schweinswürstli, Sauerkraut- 218
Wähe mit Speckwürfeli, Kohlrabi- 180
Wähe niçoise, Kartoffel- 182
Wähe, Randen- 208
Wähe, Tomaten- 188
Wähe, Zucchini- 190
Wähen (mit Burrata), Spargel- 184
Wähen mit Zitronen-Ricotta, Spargel- 176
Wähen mit Zucchini, Käse- 198
Wähen, Flammkuchen- 216
Wähen, Hackfleisch- 192
Wähen, Peperoni-Feta- 206
Wienerli im Teig mit Gurkensalat 110
Wirz und Speck, Calzoni mit 118

Wurstfüllung, Laugenkranz mit 116
Wurstweggli 230

Z

Ziegenkäse, Randenfladen mit 64
Zitronen-Ricotta, Spargelwähen mit 176
Zucchini, Calzoni mit Schinken und 80
Zucchini, Käsewähen mit 198
Zucchini-Päckli 84
Zucchini-Pitta 248
Zucchinikissen mit Bündnerfleisch 54
Zucchiniwähe 190
Zwiebelwähen, französische 196

Hinweise

Alle Rezepte in diesem Buch sind, wo nicht anders vermerkt, für 4 Personen berechnet.

Massangaben
Alle in den Rezepten angegebenen Löffelmasse entsprechen dem Betty Bossi Messlöffel.

Ofentemperaturen
Gelten für das Backen mit Ober- und Unterhitze. Beim Backen mit Heissluft verringert sich die Backtemperatur um ca. 20 Grad. Beachten Sie die Hinweise des Backofenherstellers.

Nährwertberechnung
Ist bei einer Zutat eine Alternative erwähnt, wird immer die erstgenannte Zutat berechnet.

Quellennachweis
Das im Buch abgebildete Geschirr und Besteck sowie die Dekorationen stammen aus Privatbesitz.

Digitale Kochbücher

Exklusiv für Abonnenten

Besitzen Sie ein oder mehrere Betty Bossi Kochbücher?

Dann loggen Sie sich ein oder registrieren Sie sich jetzt als Abonnent/in – es lohnt sich: Alle* **Ihre Bücher sind dann online unter «Meine Rezepte» abrufbar.**

So haben Sie ab sofort auch **von unterwegs** jederzeit Zugriff auf alle Ihre Rezepte.

Kochbücher → *Einloggen* → *Digital*

1. Besitzen Sie Betty Bossi Kochbücher?
2. Registrieren oder einloggen unter bettybossi.ch
3. Ihre Rezepte digital verfügbar

* Gilt für alle Betty Bossi Kochbücher, die digital zur Verfügung stehen und vom Abonnenten direkt bei Betty Bossi gekauft wurden.

 Bestellen Sie mit der nachfolgenden Bestell-Karte oder unter bettybossi.ch

Apéro & Fingerfood `288 Seiten`

Servieren Sie Ihren Lieben zum Apéro herrliche Knabbereien, Spiessli mit Dips, Feines im Glas oder Schälchen, vielfältiges Apéro-Gebäck und überraschende Häppchen.

→ Art. 27122.998

Backen in der Weihnachtszeit

Neue Ideen für eine stimmungsvolle Adventszeit: 35 Sorten schnelle, einfache und traditionelle Guetzli, weihnachtliche Gugelhöpfe, Glühwein-Mini-Savarins, Stollen, Lebkuchen, Biberli, Birnenweggen, Grittibenzen und Dreikönigskuchen.

→ Art. 27028.998

Betty backt mit dir

Unsere 100 schönsten Backrezepten. Backen ist Achtsamkeit, Magie und Herzlichkeit. Die Geheimzutat: Liebe! Verwöhnen Sie Ihre Liebsten mit einem Glücksmoment.

→ Art. 27182.998

Betty Bossi Backbuch

Schweizer Klassiker, die jeder liebt sowie bewährte Erfolgsrezepte zu Torten und Kuchen aller Art. Dazu weitere gluschtige Rezepte und Tipps rund um den Backofen. Das beliebte Backbuch sollte in keinem Haushalt fehlen.

→ Art. 20003.998

Blechkuchen & Brownies

Schnell den perfekten Kuchen für eine Party backen? Hier finden Sie die beliebtesten Blechkuchen, unwiderstehliche Tartes, die besten Cheesecakes und Brownies.

→ Art. 27094.998

Brot & Brötchen `288 Seiten`

Der einfachste Weg zum perfekten Brot! Ausführliche Brotbackschule und 100 Rezepte für knuspriges Brot, duftende Brötchen, Sonntagszopf, Vollkorn- und Sauerteigbrote.

→ Art. 27118.998

Das grosse Betty Bossi Kochbuch `480 Seiten`

Das Basiskochbuch darf in keiner Küche fehlen. Es ist Nachschlagewerk und Inspirationsquelle für alle, vom Einsteiger bis zum Kochprofi, mit allen Grundrezepten samt Varianten, über 600 Bildern und noch mehr Tipps.

→ Art. 27018.998

Das grosse Dessertbuch `288 Seiten`

Fruchtige Cremen, luftige Mousses, schnelles Gebäck, Panna cotta: Klassiker und viele neue Inspirationen. Ein Dessert-Eldorado für alle grossen und kleinen Naschkatzen.

→ Art. 27128.998

Das neue Guetzlibuch

Klassische Weihnachtsguetzli mit neuen Kreationen und die feinsten Schoggiguetzli zum Verwöhnen. Köstliche Guetzli, schnell gemacht, und eine Auswahl der besten Vollkornguetzli. Dazu Ideen für hübsche Verpackungen.

→ Art. 20902.998

Die beliebtesten 50 Rezepte

Die Top-50-Rezepte von Betty Bossi: Diese Lieblingsrezepte werden am meisten gesucht und gekocht: von A wie Älplermagronen bis Z wie Zopf. Glänzende Augen garantiert!

→ Art. 27136.998

Die neue Fleischküche `320 Seiten`

Das Standard-Werk mit vielen neuen Rezepten, bekannten und neuen Techniken: Schmoren, Niedergaren oder Braten, Räuchern, Garen in der Salzkruste oder im Heu, Confieren und Sous-vide.

→ Art. 27078.998

Echt italienisch `320 Seiten`

Wir laden Sie ein zu einer kulinarischen Italienreise durch alle Regionen unseres südlichen Nachbarlandes. Es gibt neben heiss geliebten Traditionsrezepten auch viel Neues zu entdecken! Mediterrane Küche zum Schwelgen.

→ Art. 27068.998

Einfach asiatisch `320 Seiten`

Die beliebtesten Gerichte und Neuentdeckungen aus den beliebtesten asiatischen Ländern: Thailand, Vietnam, China, Japan, Indonesien, Malaysia und Indien. Die Rezepte sind einfach nachzukochen, leicht und gesund.

→ Art. 27054.998

Entspannt verwöhnen `288 Seiten`

Herrliche Verwöhnrezepte für Apéro, Vorspeisen, Hauptgerichte, Beilagen und Desserts: Alles lässt sich vorbereiten, Sie geniessen entspannt die Zeit mit Ihren Lieben.

→ Art. 27130.998

Fisch und Meeresfrüchte

Gesund, leicht, raffiniert und vielseitig: neue, köstliche Rezepte für Vorspeisen, Suppen, Salate und Hauptgerichte. Dazu einige superschnelle Kreationen sowie Tipps für nachhaltigen Fischgenuss.

→ Art. 27050.998

Fruchtig-süsse Wähen

Überraschende Kreationen: fruchtig süsse Wähen mit cremigem Guss, knusprigem Teig und vielen frischen Früchten für alle Jahreszeiten. Genuss pur.

→ Art. 27102.998

Fruchtige Tiramisu

Viele neue Tiramisu-Rezepte für jede Saison: mit farbenfrohen Früchten und feinsten Aromen, schnellen, einfachen Ideen und edlen Varianten mit Wow-Effekt.

→ Art. 27120.998

Gemüselust **320 Seiten**

Die neue, kreative Gemüseküche: eine Schlemmerreise durch alle Jahreszeiten mit farbenfrohen, gesunden und leckeren Gemüsegerichten – mit und ohne Fleisch.

→ Art. 27100.998

Gesund & schlank Band 1

Mit Genuss essen, satt werden und dabei erst noch gesund abnehmen. Mit feinen und ausgewogenen Rezepten zum persönlichen Wohlfühlgewicht. Zusätzliche Unterstützung bietet der hilfreiche Ratgeberteil.

→ Art. 27064.998

Gesund & schlank Band 2 **320 Seiten**

Band 2 mit 320 Seiten bietet über 150 neue Rezepte zum Abnehmen mit Genuss: Frühstück, Lunch, Nachtessen und Desserts – für alle Jahreszeiten. Zusätzliche Unterstützung bietet der hilfreiche Ratgeberteil.

→ Art. 27076.998

Gesund & schlank Band 3 **320 Seiten**

Gesunde Rezepte zum Abnehmen, in nur 30 Minuten servierbereit. Dank individueller Menükombination (Low-Carb, ausbalanciert oder vegetarisch) genussvoll abnehmen.

→ Art. 27092.998

Gesund & schlank Band 4 **320 Seiten**

Mit unserem Menüplan spielend 3 kg in nur 3 Wochen verlieren, sich dabei satt und vital fühlen. Dazu viele neue Rezepte mit Superfoods für weiteren Gewichtsverlust.

→ Art. 27098.998

Gesund & schlank Band 5 **320 Seiten**

Abnehmen mit einheimischen super Foods. 3 Menüpläne für je 2 Wochen: Low Carb, balanced, vegi, mit 6 Kurzprogrammen und Ratgeberteil für mehr Energie und Lebensfreude.

→ Art. 27108.998

Gesund & schlank Band 6 **288 Seiten**

Abnehmen mit Low Carb, genussvoll, alltagstauglich und abwechslungsreich: 3-Wochen-Programm, Quick Lunches, 50 Lieblingsrezepte und praktischer Ratgeberteil.

→ Art. 27116.998

Gesund & schlank Band 7 **288 Seiten**

Abnehmen im Alltag – schnell und einfach! Clevere Ideen, wie Mahlzeiten in wenigen Minuten vorbereitet sind. Dazu viele Tipps, wie Abnehmen auch mit Familie gelingt.

→ Art. 27132.998

Gesund & schlank Band 8 **288 Seiten**

Gerichte mit maximal 220, 330, 440 oder 550 Kalorien, frei kombinierbar, flexibel und abgestimmt auf Ihre Bedürfnisse, ob mit zwei oder drei Mahlzeiten pro Tag.

→ Art. 27146.998

Gesund kochen

Gut erhältliche Zutaten und schnelle Rezepte für viel ausgewogenen Genuss, auch im hektischen Alltag. Dazu praxisorientierte Tipps für einen gesunden Familienalltag.

→ Art. 27080.998

Gratins & ...

Lust auf einen heissen Flirt? Dann aufgepasst: Diese Gratins und Aufläufe verführen Sie nach allen Regeln der Kunst. Die Kapitel: die Schnellen, die Leichten, zum Vorbereiten, die Edlen (für Gäste) und Fixes vom Blech.

→ Art. 27060.998

Grill-Beilagen

Die beliebtesten Beilagen zu Grilladen: Klassische und moderne Sattmacher- und Gemüsesalate, Beilagen vom Grill und aus dem Ofen, dazu feine Dips und Saucen.

→ Art. 27152.998

Gschnätzlets & Ghackets

Schnell, gut, günstig: kleine Mahlzeiten, Vorspeisen, Pasta-Saucen, Eintöpfe, Gerichte aus dem Ofen, Gschnätzlets und Ghackets mit feinen Saucen, Hamburger- und Tatar-Variationen. Dazu Tipps und eine Pannenhilfe für Saucen.

→ Art. 27026.998

Gugelhopf

Nostalgie und im Trend zugleich: Ein Gugelhopf ist Emotion und so vielseitig, süss und pikant! Sie wählen, ob grosser, mittlerer Gugelhopf oder kleine Gugelhöpfli.

→ Art. 27156.998

Herzlich eingeladen

Fingerfood, Vorspeisen, Hauptgerichte und Desserts – von unkompliziert bis gediegen. Viele Tipps und Tricks zum Vorbereiten und auch für vegetarische Varianten.

→ Art. 27090.998

Heute kocht mein Ofen — 288 Seiten

Das Kochen im Ofen ist praktisch, schnell vorbereitet und ganz entspannt. Ob für Familie, Freunde oder Gäste. Ideen für jede Gelegenheit rund ums Jahr.

→ Art. 27112.998

Knusprig gebacken — 288 Seiten

Teige oder Brote belegen, ab in den Ofen – geniessen! 100 Ideen für pikantes Wow-Gebäck: mit einem Salat ergänzt eine schnelle und rundum heiss geliebte Mahlzeit.

→ Art. 27144.998

Kuchenduft — 320 Seiten

Viele neue Rezepte für alle Jahreszeiten, jede Gelegenheit und jedes Talent: wunderbare Kuchen, Cakes und Torten. Dazu inspirierende Dekorationsideen und viele Tipps und Tricks, damit Ihre Kunstwerke sicher gelingen.

→ Art. 27074.998

Lava Cakes

Lava Cakes verführen mit ihrem cremigflüssigen Kern in vielen Varianten. Die Küchlein surprise halten eine süsse Überraschung im Innern bereit. Zum Dahinschmelzen!

→ Art. 27138.998

Luftig leichte Desserts

Wunderbar leichte Dessertideen für jede Jahreszeit: samtige Cremen, luftige Mousses, Panna cotta, Puddings und Glacen zum Dahinschmelzen. Mit vielen Deko-Tipps.

→ Art. 27082.998

Lustvoll vegetarisch — 320 Seiten

Heute kochen namhafte Köche fleischlose Gerichte auf höchstem Niveau – mit grossem Erfolg. Auch privat geniessen immer mehr Leute vegetarisch. Höchste Zeit also für ein umfangreiches Buch voller köstlicher Vegi-Ideen.

→ Art. 27072.998

Neue Gemüseküche

Bunt, gesund und kreativ: neue, einfache Rezepte mit einheimischem Gemüse, speziell für den Alltag geeignet. Beilagen, leichte Vorspeisen, feine Salate und unkomplizierte Hauptgerichte. Mit cleveren Tipps und einer Saisontabelle.

→ Art. 27034.998

Niedergaren – leicht gemacht

Zarter und saftiger kann Fleisch nicht sein! Die besten Stücke von Rind, Kalb, Schwein, Lamm, Kaninchen, Reh und Geflügel. Dazu 65 neue, raffinierte Saucen, viele Marinaden, Tipps und Tricks unserer Profis.

→ Art. 27010.998

Pasta `320 Seiten`

Pasta, von einfach bis luxuriös: One Pot Pasta, 60 schnelle Pastasaucen, tolle Pastagerichte, heiss Geliebtes aus dem Ofen und Pasta deluxe für Verwöhnmomente.

→ Art. 27096.998

Restenlos geniessen `320 Seiten`

355 clevere Tipps und viele feine Rezepte gegen Food Waste zu Hause. Kosten Sie ab sofort Ihre Lebensmittel restlos und genüsslich aus – bis zum letzten Krümel.

→ Art. 27110.998

Rouladen

Entdecken Sie viele neue Rezepte für fruchtige Rouladen rund ums Jahr, zartschmelzende Ideen mit Schokolade und Caramel... Auch pikante Überraschungen zum Apéro, mh!

→ Art. 27140.998

Schnell & einfach Band 1 `224 Seiten`

100 Lieblingsrezepte aus der Betty Bossi Zeitung. Die «schnell & einfach» –Rezepte sind in nur 30 Minuten zubereitet. 25 schnelle und feine Ideen für jede Jahreszeit.

→ Art. 27088.998

Schnell & einfach Band 2 `224 Seiten`

Nach dem Bestseller 2015 erscheint neu Band 2: Er enthält Ihre 100 beliebtesten Rezepte aus der Rubrik «schnell & einfach» der Betty Bossi Zeitung von 2015 bis 2019.

→ Art. 27154.998

Schwiizer Chuchi `320 Seiten`

Traditionsreiche Klassiker, neue, marktfrische Küche mit einheimischen Zutaten. Dazu Klassiker, neu interpretiert: aus denselben Zutaten ist ein neues Gericht entstanden, aber immer noch «ächt schwiizerisch».

Auch in Englisch!

→ Art. 27046.998

Topfbrote

Herrlich krosse Kruste, luftig feuchte Krume! Auch Teige ohne Kneten. Brot-Lieblingen wie Ruchbrot und viele neue Kreationen, auch Überraschungsbrote mit Wow-Effekt.

→ Art. 27162.998

Zart gegart `320 Seiten`

Kalb, Rind, Schwein, Lamm, Geflügel und Fisch: so zart und saftig! Niedergaren, Sous-vide und 120-Grad-Methode für edle und preiswerte Stücke mit Beilagen und Saucen.

→ Art. 27104.998

Ein Abo mit vielen Vorteilen

Betty Bossi Zeitung

10-mal pro Jahr beliebte saisonale Rezepte

- ✅ Rezepte für die kreative Alltagsküche und fürs Wochenende
- ✅ Mit der bewährten Betty Bossi Geling-Garantie!
- ✅ Viele clevere Tipps & Tricks

Betty Bossi App

Mit Ihrem Abo haben Sie vollen Zugriff auf alle Rezepte in der App

- ✅ Inklusive aller Zeitungsrezepte
- ✅ Favoriten speichern
- ✅ Tägliche Koch- und Back-Inspirationen

Abo-Vorzugspreise

Dank Ihrem Abo profitieren Sie von den exklusiven Vozugspreisen auf Betty Bossi Produkte und neue Kochbücher.

Digitale Kochbücher

Mit einem aktiven Abo haben Sie gratis Zugriff auf die digitalen Versionen aller von Ihnen bei uns gekauften Betty Bossi Bücher.

Bestellen Sie mit der nachfolgenden Bestell-Karte oder unter bettybossi.ch/abos

Betty Bossi Print & Digital